Udo Grashoff

Die DDR im Jahr 1968

Udo Grashoff, geboren 1966 in Halle, arbeitet als wissenschaftlicher Mitarbeiter an der Universität Leipzig. Schwerpunkt seiner wissenschaftlichen Tätigkeit ist die Geschichte der DDR. So hat er zum Volksaufstand am 17. Juni 1953 und zur Friedlichen Revolution 1989 geforscht und publiziert. Im Jahr 2006 hat er seine Dissertation über Selbsttötungen in der DDR und fünf Jahre später eine Monografie über Schwarzwohnen in der DDR veröffentlicht. 2019 wurde er an der Universität Leipzig zum Thema «Verrat im kommunistischen Widerstand gegen den Nationalsozialismus 1933-1945» habilitiert. Er hat für die LZT bereits die Hefte "Die DDR im Jahr 1977" und "Die DDR im Jahr 1990" verfasst.

Diese Veröffentlichung stellt keine Meinungsäußerung der Landeszentrale für politische Bildung Thüringen dar. Für inhaltliche Aussagen trägt der Autor die Verantwortung.

Landeszentrale für politische Bildung Thüringen
Regierungsstraße 73. 99084 Erfurt
www.lzt-thueringen.de
2025

ISBN: 978-3-910740-46-4

Inhalt

Das Jahr 1968

1968 ist nicht einfach ein Jahr in der Geschichte der Menschheit. Es steht als Chiffre für eine durch Jugendproteste angestoßene kulturelle Revolution in der westlichen Welt, und zugleich für das Ende der Reformhoffnungen im sowjetischen Machtbereich.

Die DDR liegt wie eine stille Insel zwischen beiden Tendenzen und wird von beiden 68er-Bewegungen nur marginal erfasst, wenn überhaupt. Historiker sind sich einig darin, dass 1968 das Jahr einer «versäumten Revolte» in der DDR ist. Während westdeutsche Studenten gegen die Elterngeneration aufbegehren, bleibt es an den Universitäten der DDR ruhig. Lediglich vereinzelt gibt es Sympathiebekundungen mit dem «Prager Frühling» und Proteste gegen dessen Niederschlagung.

Daneben finden viele andere Entwicklungen, Konflikte und Weichenstellungen statt, die das Jahr 1968 in der DDR prägen. Darum geht es in diesem Heft. In das Jahr 1968 fällt nicht nur die Verabschiedung einer neuen Verfassung, sondern auch ein neues Strafrecht, das unter anderem Homosexualität legalisiert, und eine Rentenreform. Im Frühjahr 1968 beginnt der Staat, die Jugend planmäßig mit modischer Kleidung zu versorgen, wobei auch neu entwickelte Papierkleider in die Läden kommen. In den Kinos ist «Heißer Sommer» der Hit der Saison, ein belangloser Musical-Film, der bei Kritikern gnadenlos durchfällt, aber dennoch bis heute als Kultfilm der Ostalgie gilt. Staats- und Parteichef Walter Ulbricht steht im Zenit seiner Macht und wird in diesem Jahr 75 Jahre alt. In Leipzig und Potsdam werden historische Kirchen gesprengt. In Dresden entsteht die erste Betreuungsstelle für Suizidgefährdete. Im Fernsehen wird im Herbst 1968 eine Serie über das Tabuthema Flucht und Vertreibung am Ende des Zweiten Weltkriegs ein Publikumsrenner. Die Solidaritätsbewegung mit Vietnam bekommt neue Impulse, unter anderem durch eine Blutspendeaktion. Und 1968 ist auch ein Jahr, in dem olympische Winter- und Sommerspiele stattfinden. In Grenoble gibt es einen Skandal um «heiße Kufen» und zugleich wichtige Weichenstellungen weg von einer gesamtdeutschen Mannschaft hin zu einem eigenen Team der DDR.

Eine neue Verfassung

Am 31. Januar 1968 legt die Volkskammer der DDR, nach vermeintlich nur zwei Monaten Bearbeitungszeit, einen kompletten Entwurf für die neue Verfassung vor. Tatsächlich ist der Entwurf fernab der Öffentlichkeit bereits seit Juni 1967 von einer Arbeitsgruppe des SED-Politbüros erarbeitet worden. Bevor die Volkskammer den «Beschluss» zur Erarbeitung der neuen Verfassung fasst, ist der Entwurfstext also bereits hinter den Kulissen formuliert und auch schon von Moskau abgesegnet worden. Allein die geheime Vorgeschichte der neuen Verfassung kennzeichnet die DDR als funktionierende Parteidiktatur, deren «demokratische» Fassade eine Farce ist.

Auch inhaltlich wird eine Fassade errichtet, die über die tatsächlichen Verhältnisse hinwegtäuscht. Es ist blanker Hohn, dass Artikel 48 der neuen Verfassung die Volkskammer zum obersten Machtorgan der DDR bestimmt und die tatsächlichen machtausübenden Organe der DDR, insbesondere das Politbüro, das Sekretariat des ZK (Zentralkomitee) der SED sowie die SED-Bezirks- und Kreisleitungen, überhaupt nicht benennt.[1] Immerhin wird die führende Rolle der Partei erwähnt und zum obersten Verfassungsprinzip erhoben. Artikel 1 definiert die DDR als «politische Organisation der Werktätigen in Stadt und Land», die unter Führung der Arbeiterklasse und ihrer marxistisch-leninistischen Partei den Sozialismus verwirklichen würden. «Trotz des häufigen Gebrauchs des Wortes Demokratie» lässt die Verfassung «Kernfragen in wirklich demokratischem Sinne offen».[2] So schreibt es der Leipziger Historiker Hartmut Zwahr im Jahr

---

1 Vgl. Falco Werkentin, Politische Strafjustiz in der Ära Ulbricht, Berlin 1995, S. 284.

2 Hartmut Zwahr, Die erforenen Flügel der Schwalbe. DDR und «Prager Frühling». Tagebuch einer Krise 1968 bis 1970, Bonn 2007, S. 74.

1968 in sein Tagebuch. Seine Einwände öffentlich zu äußern, wagt er nicht, auch wenn sie fundiert sind.

Letztlich besteht der Zweck der Neufassung darin, das zu zementieren, was ohnehin schon vorherrschende Praxis in der DDR ist. Der erste Satz des neuen Verfassungstextes verkündet selbstbewusst: «Die Deutsche Demokratische Republik ist ein sozialistischer Staat deutscher Nation.» Damit wird auch, so der Historiker Bernd Florath, «die Wiederherstellung der Deutschen Einheit der Errichtung der Macht der SED nachgeordnet».[3] Artikel 2 konstatiert: «Die Ausbeutung des Menschen durch den Menschen ist beseitigt», und in Artikel neun heißt es: «Das sozialistische Eigentum hat sich bewährt». Das klinge «wie ein Rechenschaftsbericht der SED», merkt das Hamburger Nachrichtenmagazin «Der Spiegel» spöttisch und zugleich treffsicher an.[4]

Die DDR-Verfassung unterscheidet sich, trotz vieler Parallelen und Ähnlichkeiten, fundamental von Verfassungen westlicher Demokratien. Das Prinzip der Gewaltenteilung wird bewusst abgelehnt. Wie der Historiker Peter Borowsky erklärt, dient die DDR-Verfassung «nicht dazu, den Bürgerinnen und Bürgern einen Freiraum gegenüber dem Staat zu sichern». Die Verfassung geht «vielmehr von einer grundsätzlichen Interessenidentität zwischen Bürgern und Staat aus.» Grundsätze und Ziele der Verfassung bilden «eine Art von höherem Recht, das die Grundrechte» einschränkt.[5]

Folgerichtig werden nun sogar einige Grundrechte, die durch die alte Verfassung zumindest formal noch garantiert sind, eliminiert, so das Widerstandsrecht und das ausdrückli-

---

3 Bernd Florath, Einleitung 1968, in: Die DDR im Blick der Stasi 1968. Die geheimen Berichte an die SED-Führung, Göttingen 2018, S. 12-59, zit. 14.

4 Für immer beseitigt, in: Der Spiegel, 14.4.1968.

5 Peter Borowsky, Die DDR in den sechziger Jahren, in: Bundeszentrale für politische Bildung (Hg.), Zeiten des Wandels. Deutschland 1961-1974, Bonn 2002 (https://www.bpb.de/shop/zeitschriften/izpb/zeiten-des-wandels-258/10105/die-ddr-in-den-sechziger-jahren/; zuletzt eingesehen: 1.10.2024).

che Verbot einer Pressezensur. Auch entfällt das bisher noch enthaltene Streikrecht, stattdessen ist nun von einem «Recht auf Arbeit« und der «Pflicht zur Arbeit» die Rede. Gleichermaßen wird das Recht auf Auswanderung, das auch bisher nur auf dem Papier bestanden hat, eingeschränkt. Das Recht auf «Freizügigkeit» gilt nun lediglich noch «innerhalb des Staatsgebiets».

Es gibt allerdings auch Rechte, die in der Verfassung bleiben, so die Freiheit der Persönlichkeit (Artikel 19) und die Freiheit der Presse, des Rundfunks und des Fernsehens (Artikel 27) - auch wenn von deren Verwirklichung in der DDR keine Rede sein kann.

Einige Passagen schaffen bzw. erzwingen Neues. Indem die neue DDR-Verfassung der Religionsfreiheit insofern Grenzen setzt, als diese nur im Rahmen der Ziele der Verfassung akzeptiert wird, stellt sie die bisherige organisatorische Verfasstheit der Kirchen in Frage. Durch die «Unterwerfung der Kirchen unter Grundsätze und Ziele der Verfassung» können die Kirchen nicht länger Teil der gesamtdeutschen Kirchen sein. Damit macht die Verfassung die Gründung eines separaten Bundes der Evangelischen Kirchen (BEK) in der DDR erforderlich.

Nachdem der Entwurf veröffentlicht ist, kommt es zu einer intensiven öffentlichen Diskussion. Die SED hätte die neue Verfassung auch einfach durch die Volkskammer absegnen lassen können, aber stattdessen lässt die Partei den Verfassungsentwurf mit sieben Millionen Postwurfsendungen an alle Haushalte der DDR schicken und fordert zu Stellungnahmen auf. Daraufhin finden, so behauptet die SED, 750.000 Veranstaltungen in Betrieben und Bildungseinrichtungen, in Parteigruppen und Massenorganisationen statt. Der SED-Führung unter Ulbricht ist klar, «dass man eine moderne Gesellschaft nicht allein mit den Methoden eines Polizeistaats regieren» kann.[6] Zugleich ist die Kampagne, so der

6 Stefan Wolle, Der Traum der Revolte. Die DDR 1968, Berlin 2008, S. 19.

Bundesarchiv Bild 183-G0405-0028-001 Eva Brüggemann

Von der SED organisierte Demonstration am 5. April 1968 vor der Berliner Humboldt-Universität.

Historiker Stefan Wolle, «so langweilig und überflüssig, weil gegen den Verfassungstext als solchen wenig einzuwenden» ist und sich die SED sowieso nicht an die eigene Verfassung hält.[7]

Nichtsdestotrotz gehen viele auf das Angebot der SED ein. In der Debatte kommen auch zahlreiche kritische Einwände zur Sprache. Fast die Hälfte der Änderungsvorschläge stammt

7 Wolle, Traum von der Revolte, S. 131.

aus dem kirchlichen Bereich. Insgesamt werden über 12.000 Änderungs- und Ergänzungsvorschläge bei der Verfassungskommission eingereicht. Nicht alles wird von der SED abgewiesen; so wird das Recht auf ein religiöses Bekenntnis in den Verfassungstext aufgenommen. Das Ziel der Kampagne besteht jedoch primär nicht in einer inhaltlichen Auseinandersetzung. Vielmehr geht es der SED-Führung mit der vom MfS (Ministerium für Staatssicherheit) intern als «Aktion Optimismus» bezeichneten Verfassungsdiskussion darum, politische Treuebekundungen einzuholen und durch Partizipation zahlreicher Menschen so etwas wie Debattenkultur zu simulieren.

Als die Aussprache im Februar 1968 beginnt, können sich kritische Stimmen auch auf die Reformen des «Prager Frühlings» berufen. Die SED sieht darin die Gefahr, dass die Kampagne aus dem Ruder laufen könnte und bricht sie angesichts der Reformbestrebungen in Prag vorzeitig ab. Am Vorabend der Abstimmung finden in allen Bezirksstädten der DDR Massenkundgebungen mit angeblich einer Million Teilnehmern statt. Auf diese Weise will die SED suggerieren, das Volk stehe einmütig hinter der neuen Verfassung. Die Volkskammer ruft mit großem Pathos «alle wahlberechtigten Bürgerinnen und Bürger» dazu auf, mit Ja zu stimmen: «Das gute Vermächtnis der besten Deutschen ist in dieses grundlegende Gesetz unseres künftigen Lebens und Handelns eingeflossen. Es ist von den Erfahrungen, Leistungen und Zukunftsvorstellungen eines jeden von uns geprägt. Die neue Verfassung ermöglicht den guten Weg zur vollen Blüte unserer sozialistischen Gemeinschaft in den kommenden Jahren und Jahrzehnten und zum Glück des Volkes.»[8]

Nicht jeden überzeugt das, es kommt vereinzelt zu gewagten Protestaktionen. In Jena werden 750 Flugblätter verteilt mit der Aufforderung, beim Volksentscheid mit Nein zu

8 Volkskammer der DDR, Gebt Euer Ja der neuen Verfassung! In: Wochenpost, 6.4.1968.

stimmen, in Oelsnitz schreiben Unbekannte eine große, vier Meter lange Losung «Habt Mut zum Nein» an eine Brücke.[9]

Beim Entscheid am 6. April 1968 stimmen dann, den offiziellen Angaben zufolge, immerhin gut fünf Prozent der Abstimmungsberechtigten mit Nein. «Nur» 94,5 Prozent stimmen mit Ja. Drei Prozent bleiben der Abstimmung fern. Damit ist es, so der Historiker Marc-Dietrich Ohse, «die letzte freie Abstimmung in der Geschichte der DDR».[10] Für die SED stellt das Referendum vor allem einen wichtigen Meilenstein auf dem Weg zur internationalen Anerkennung als souveräner Staat dar.

---

9 Vgl. «Habt Mut – stimmt Nein». 50 Jahre Volksentscheid über die neue sozialistische Verfassung der DDR, in: BStU (https://web.archive.org/web/20180517010359/https://www.bstu.bund.de/DE/Presse/Themen/Hintergrund/20130403_volksentscheid-1968.html; letzter Zugriff 1.10.2024).

10 Marc-Dietrich Ohse, Jugend nach dem Mauerbau. Anpassung, Protest und Eigensinn, Berlin 2003, S. 181.

Neues Strafrecht

Die neue Verfassung ist Teil einer umfassenden Rechtsreform. Am 12. Januar 1968 wird von der Volkskammer ein neues Strafgesetzbuch und eine neue Strafprozessordnung verabschiedet. Drei Grundtendenzen charakterisieren das neue Strafrecht der DDR.

Zum einen geht es um eine grundsätzliche Erneuerung. Bis 1968 ist in der DDR noch eine modifizierte Version des deutschen Strafgesetzbuches aus dem Jahr 1871 gültig. Das wird nun ersetzt. Anachronistisch erscheinende Tatbestände wie Verleumdung und Beleidigung, Kuppelei sowie Ehebruch fallen weg. Vor allem aber wird das Sexualstrafrecht modernisiert und der berüchtigte Paragraph 175 über «widernatürliche Unzucht zwischen Männern» ersatzlos gestrichen. Damit wird die Homosexualität unter Erwachsenen legalisiert. Aber auch die aus den 1950er Jahren stammende harte Bestrafung von «Wirtschaftsverbrechen» wird durch das neue Recht nicht fortgeführt. Ganz ähnlich wie in der Bundesrepublik werden zudem die bisher als Straftaten geahndeten «Übertretungen» aus dem Strafrecht herausgenommen und zu bloßen Ordnungswidrigkeiten herabgestuft.

Zweitens wird mit dem neuen Strafgesetzbuch das politische Strafrecht in seiner bisherigen Härte beibehalten und sogar weiter ausgebaut. So werden «der Umfang politischer Straftatbestände vergrößert und bei einigen von ihnen die Strafdrohungen erhöht». Schon die Reihenfolge der Straftaten zeigt eine «klare Hierarchie der zu schützenden Werte». Zuerst werden Straftaten gegen den Staat, dann Verbrechen gegen die Person aufgeführt.[11]

Zudem schafft das neue DDR-Strafrecht die Rechtsgrundlage für eine intensivierte Verfolgung von «Asozialen» in der «Ära Honecker». Neben Prostituierten geraten Homosexuelle

---

11 Werkentin, Politische Strafjustiz, S. 286.

Bundesarchiv DO 1 Bild-0001

Ein Abschnittsbevollmächtigter (ABV) des Volkspolizeikreisamtes Plauen bei einer Kontrolle auf einem Campingplatz im Juli 1968.

und Geschlechtskranke ins Visier, was die Liberalisierung des Strafrechts bezüglich Homosexualität zumindest teilweise relativiert. Unter Honecker wird der «Asozialenparagraph» häufig angewandt. Im Durchschnitt werden in den folgenden Jahren 7.500 Menschen jährlich wegen «Asozialität» verurteilt, das sind deutlich mehr als wegen «Republikflucht» Verurteilte (ca. 3.000 pro Jahr). Während die strafrechtliche Verfolgung von «Asozialen» in der Bundesrepublik im Jahr 1969 abgeschafft wird, wird sie in der DDR intensiviert.[12] Dem Historiker Thomas Lindenberger zufolge stellt der repressive Umgang mit «Asozialen» und «Rowdies» eine der «wenigen

12 Vgl. Konstantin Neumann, Legitime Sozialdisziplinierung oder politische Repression? Die Strafverfolgung «asozialen Verhaltens» in der DDR, in: Zeitschrift des Forschungsverbunds SED-Staat 44/2019, S. 207-214.

Bundesarchiv Bild 183-G0701-0205-004 Rainer Mittelstädt

Während die westliche Mode ganz im Zeichen von E-Gitarren-Sound und Hippiekultur steht, dominieren in der offiziellen Jugendkultur der DDR die Singegruppen der FDJ. Das Foto zeigt singende FDJler beim «Fest der Jugend und Sportler», das am 29. Juni 1968 im Walter-Ulbricht-Stadion in Ost-Berlin eröffnet wird.

Brücken zwischen SED und Bevölkerung» dar, «die die Kommunikation gemeinsamer Wertvorstellungen» ermöglicht.[13]

Drittens wird durch das neue Strafrecht der Gedanke der Erziehung gegenüber dem der Vergeltung gestärkt. So wird die Zuchthausstrafe abgeschafft und die Möglichkeit zur

13 Thomas Lindenberger, Volkspolizei. Herrschaftspraxis und öffentliche Ordnung im SED-Staat 1952-1968, Köln 2003, S. 443.

Aussetzung von kurzen Haftstrafen zur Bewährung gestärkt. Damit wird die Resozialisierung aufgewertet. Allerdings liegt der Anteil der vollstreckten Freiheitsstrafen in der DDR auch weiterhin etwa dreimal höher als in der Bundesrepublik. Während im Westen nur neun Prozent aller Strafen zur Inhaftierung führen, sind es in der DDR 25 bis 30 Prozent.[14]

Für jugendliche Straftäter wird eine neue Strafart «Einweisung in ein Jugendhaus» eingeführt. Jugendliche sollen nicht mehr zu einer Haftstrafe mit festgelegter Dauer verurteilt werden, sondern zu einer Strafe von einem bis drei Jahren, wobei dann die konkrete Haftdauer vom Erziehungserfolg während der Haft abhängig gemacht werden soll. Dieses Experiment mit einer unbestimmten Strafzeit währt bis 1977, dann wird es wieder abgeschafft.

14 Vgl. Friedrich-Christian Schroeder, Die neuere Entwicklung des Strafrechts in beiden deutschen Staaten, in: APuZ 4/5 (1988) (https://www.bpb.de/shop/zeitschriften/apuz/archiv/534359/die-neuere-entwicklung-des-strafrechts-in-beiden-deutschen-staaten/; letzter Zugriff: 2.11.2024).

Rentenreform

Parallel zur neuen Verfassung wird auch die Rentenberechnung verändert. Am 15. März 1968 verabschiedet der Staatsrat der DDR den Erlass «Über die Weiterentwicklung des Rentenrechts und zur Verbesserung der materiellen Lage der Rentner sowie zur Verbesserung der Leistungen der Sozialfürsorge». Das ist dringend nötig, da die Rentner zu den sozial Schwächsten in der DDR-Gesellschaft gehören.

Die Reform hat drei Hauptbestandteile: Erstens sind das Maßnahmen zur Erhöhung der Renten, vor allem jener, die besonders niedrig sind. So werden die Mindestrenten auf 150 Mark erhöht. Die Rentenerhöhung ist mehr als überfällig, weil es in der DDR, anders als in der Bundesrepublik, keine dynamische Rente gibt, deren Höhe an das Lohnniveau gekoppelt ist. Insgesamt beträgt der Rentenzuwachs im Jahr 1969 im Vergleich zum Jahr 1967 über zwölf Prozent. Der Anschluss an die Lohnentwicklung wird dadurch jedoch nicht hergestellt, diese steigen immer noch schneller als die Renten.

Zweitens wird eine neue Rentenformel eingeführt. Die oft sehr niedrigen Einkommen in der Zeit vor 1945 und der Umstand, dass viele Arbeiter zur Zeit der Weltwirtschaftskrise arbeitslos gewesen sind, haben gerade bei Geringverdienern zu gravierenden Einbußen bei der Rente geführt, welche die SED ausgleichen will. Daher werden bei der Rentenberechnung jetzt nur noch die Löhne der letzten 20 Jahre berücksichtigt. Außerdem werden Frauen künftig dadurch bessergestellt, dass ihnen für die Geburt von Kindern und deren Erziehung zusätzliche Arbeitsjahre anerkannt werden.

Drittens wird 1968 eine Freiwillige Zusatzrentenversicherung eingeführt. Da der Staat angesichts eines wachsenden Anteils von Rentnern an der Gesamtbevölkerung mit steigenden Ausgaben konfrontiert ist, macht er einen Teil der Altersvorsorge von der Bereitschaft der Beschäftigten zu zusätzlichen Einzahlungen in das Rentensystem abhängig.

Bundesarchiv Bild 183-G1125-0027-001 Joachim Spremberg

Rentner am Schalter einer Berliner Sparkasse im November 1968.

All dies sorgt dafür, dass sich die Situation der Rentner in der DDR etwas verbessert. «Für die Bevölkerung insgesamt» stellt die Rentenreform, so der Historiker Steffen Otte, «eine positive Entwicklung dar.»[15]

15 Vgl. Steffen Otte, Zwischen Versorgungsprinzip und Selbstvorsorge. Die Geschichte einer Reform des DDR-Rentensystems, in: Deutschland Archiv, 2.3.2012.

Internationale Anerkennung durch Sporterfolge

Im Februar 1968 beginnen im französischen Grenoble die Olympischen Winterspiele. «Unsere Sportler repräsentieren hier in den Bergen des Vercors und der Belledonne den sozialistischen Sport», heißt es in der Wochenpost. «Sie haben alle mit ihrem bescheidenen Auftreten viel Sympathie für sich und für uns alle gewonnen.»[16]

Der olympische Sport ist von jeher ein Bereich, in dem es nicht nur um athletische Höchstleistungen geht, sondern in dem auch Symbolpolitik betrieben wird. Ein besonderer Konfliktbereich während des Kalten Krieges sind die deutschen Mannschaften, die bis 1964, trotz deutscher Teilung, mit gemeinsamen Teams unter gemeinsamer Flagge an den Olympischen Spielen teilgenommen haben. Das soll sich 1968 ändern. Das Nationale Olympische Komitee der DDR drängt im Vorfeld der Winterspiele darauf, dass die DDR eine eigene Mannschaft schicken kann. Und in der Tat gehen im Februar 1968 zwei deutsche Mannschaften an den Start. Allerdings dürfen beide nicht unter Namen und Flagge des jeweiligen Staates antreten. Die BRD geht als «Deutschland», die DDR als «Ostdeutschland» ins Rennen.

Dieser Kompromiss ist ein Erfolg für die DDR, der jedoch bald durch einen Skandal überschattet wird. Beim Rodelwettbewerb der Frauen werden die beiden Erstplatzierten Ortrun Enderlein und Anna-Maria Müller sowie die Viertplatzierte Angela Knösel, alle drei aus der DDR, disqualifiziert. Der Vorwurf lautet, dass sie die Kufen ihrer Schlitten künstlich beheizt hätten. Wie sich später herausstellt, handelt es sich bei der Schneeprobe, die zur Disqualifizierung führt, sehr wahrscheinlich um einen inszenierten Vorfall, um die DDR zu diskreditieren.[17]

---

16 Dietrich Guhl, Winter-Olympisches, in: Wochenpost, 23.2.1968.

17 Vgl. Anno Hecker, Heiße Kufen, in: FAZ, 14.2.2006.

Durch die Disqualifikation der drei DDR-Sportlerinnen rücken zwei westdeutsche Sportlerinnen auf die Plätze 2 und 3 vor. Auch insgesamt sind die Winterspiele 1968 kein Erfolg für die DDR, die in der Medaillenwertung hinter den Erfolgen der westdeutschen Olympioniken zurückbleibt. Dazu beigetragen haben dürfte, dass kurz zuvor ein Sportler aus der DDR in den Westen geflüchtet ist und das ostdeutsche Team daraufhin aus Sicherheitsgründen drastisch verkleinert wird. Statt 95 dürfen nur noch 57 DDR-Sportler nach Grenoble fahren, die dann entsprechend weniger Medaillen gewinnen.[18]

Es ist jedoch das letzte Mal, dass die DDR zurückstecken muss. Beginnend mit den olympischen Sommerspielen in Mexiko steigt die DDR zu einer der führenden Sportnationen auf und übertrifft fortan stets die Medaillenerfolge der westdeutschen Mannschaft. Von den Sommerspielen bringen die ostdeutschen Sportler neun Goldmedaillen mit nach Hause, die westdeutschen nur fünf. Eine Goldmedaille geht an den aus Potsdam-Babelsberg stammenden Boxer Manfred Wolke, der den Wettkampf im Weltergewicht gewinnt. Wolke macht sich in den 1990er-Jahren erneut einen Namen als Trainer des renommierten Boxers Henry Maske.

Im Umfeld der olympischen Sommerspiele stellen Funktionäre des DDR-Sports Überlegungen an, wie man die Erfolge noch ausbauen könnte. Zwei Strategien werden verfolgt. Zum einen verfasst der Leiter der Abteilung Sport des Zentralkomitees der SED, Rudi Hellmann, eine «Grundlinie der Entwicklung des Leistungssports in der DDR bis 1980», in der er eine Fokussierung der Sportförderung auf Sportarten mit besonders großen Medaillenchancen vorsieht. Diese Konzeption wird 1969 vom Politbüro der SED beschlossen. Die zweite Strategie besteht darin, ein systematisches Doping-Programm in Angriff zu nehmen. Im Sommer 1968 startet der erste Versuch, bei dem die damals 27-jährige Leipziger Kugelstoßerin Margitta Gummel das künstliche Hor-

18 Vgl. Graue Perlen, in: Der Spiegel, 18.2.1968.

Bundesarchiv Bild 183-G0209-1001-001 Friedrich Gahlbeck

In einer feierlichen Zeremonie wird am 6. Februar 1968 die Olympia-Flagge in das Eröffnungsstadion von Grenoble getragen.

monpräparat Oral-Turinabol verabreicht bekommt. Gummel kann ihre Leistung bereits nach kurzer Zeit von 17,86 Metern auf 19,61 Meter steigern und gewinnt mit dieser Weltbestleistung eine Goldmedaille. Der erfolgreiche Test führt dazu, dass diese Dopingmethode in der Folgezeit im DDR-Spitzensport systematisch praktiziert wird.[19]

19 Vgl. Brigitte Berendonk, Olympia 1968 - ein neuer Anfang und ein neues Ende des Spitzensports für Mädchen und Frauen, in: Christian Becker (Hg.), 1968 im Sport. Eine historische Bilderreise, Hildesheim 2018, S. 60-65.

Bundesarchiv Bild 183-G0910-0008-001

Bekleidung der DDR-Mannschaft für die olympischen Sommerspiele in Mexiko-Stadt: Zitronengelb und Marineblau sind die Farben, in denen die DDR-Mannschaft zur feierlichen Eröffnung einmarschieren wird.

Bereits während der olympischen Sommerspiele erkennt das Internationale Olympische Komitee (IOC) die DDR als eigenständiges Mitglied an. In Mexiko marschieren die beiden deutschen Teams letztmalig unter einer gemeinsamen Flagge in die olympische Arena ein. Als Kompromiss tragen sie eine schwarz-rot-goldene Flagge mit den fünf olympischen Ringen. Künftig hingegen wird die DDR unter der eigenen Flagge mit Hammer, Sichel und Ährenkranz auftreten und bei allen Siegen von DDR-Sportlern wird die Nationalhymne intoniert. Das Jahr 1968 kann damit als Kulminationspunkt der Bemühungen der SED-Führung um eine politische Instrumentalisierung des Sports im Dienste der Verbesserung des internationalen Ansehens der DDR angesehen werden. Von nun an sind Sportler vor allem «Diplomaten im Trainingsanzug». Sie werden vom Staat großzügig gefördert, zum Doping gedrängt und von der Staatssicherheit misstrauisch unter Kontrolle gehalten.

Wikipedia Stiftung Haus der Geschichte

Eine Demonstration gegen den Vietnamkrieg in Westberlin 1968.

Faszination für die 1968er

Die Herausbildung einer Außerparlamentarischen Opposition (APO) in der Bundesrepublik wird in der DDR mit zwiespältigen Gefühlen beobachtet. Zum einen begrüßt die SED die Revolte der jungen Westdeutschen, die als unerwartete Verbündete im antiimperialistischen Kampf gegen das internationale Monopolkapital erscheinen. Die Proteste der vor allem von Studenten getragenen Jugendrevolte richten sich gegen den persischen Schah, gegen den brutalen Vietnamkrieg, gegen Rassismus und Kolonialismus, aber auch gegen Ex-Nazis in hohen Positionen in der bundesdeutschen Politik und Gesellschaft. Die dabei zum Einsatz gebrachte marxistische Rhetorik erscheint auf den ersten Blick anschlussfähig an die vorherrschende Ideologie der DDR. Allerdings knüpft das Erscheinungsbild der antiautoritären Linken in der BRD an den Lebensstil der anarchistischen Boheme an – mit «ungepflegter» Kleidung, wilden Bärten und dem Beschwören sexueller Freiheit. Die Studentenbewegung sieht sich als Teil einer Weltrevolution der Jugend und stellt die bürgerliche Ordnung in Frage. «Hier versuchte eine Generation zu zeigen, dass sie anders war als all diejenigen, die sich am größten Verbrechen der Menschheitsgeschichte beteiligt hatten [...] Sprüche wie ‚Make love, not war' [...] sollten klarmachen, dass Sex das Gute war, das man nun befreite, um gegen das Böse vorzugehen», bringt die Journalistin Margarete Stokowski eine zentrale 68er-Idee auf den Punkt.[20]

Das schreckt die SED ab, zumal die Partei im eigenen Land gegen die «Kinderkrankheit» des Linksradikalismus, gegen antiautoritäre Tendenzen ebenso wie gegen lange Haare und «Hippiemode» vehement einschreitet. Dementsprechend verhalten ist die Unterstützung, welche die ostdeutschen Funktionäre der westdeutschen Studentenbewegung gewähren.

---

20 Margarete Stokowski, Untenrum frei, Reinbek bei Hamburg 2016.

Immerhin zeigt die SED-Führung, so Stefan Wolle, zunächst «gegenüber den weltanschaulichen Verirrungen der jungen Rebellen» im Westen «eine Duldsamkeit, die sie in den eigenen Reihen niemals praktiziert hat».[21]

Eine Anekdote illustriert das. Als Ende 1967 Protagonisten der Westberliner «Kommune I» wie Fritz Teufel und Dieter Kunzelmann den Weihnachtsmarkt in Ost-Berlin besuchen und rasch von einer Traube neugieriger, begeisterter DDR-Jugendlicher umgeben sind, schreitet die Volkspolizei ein und nimmt die Gäste aus Westberlin, die durch ihr ungepflegtes Äußeres Anstoß erregen, in Gewahrsam. Eine kurze Rücksprache mit der Staatssicherheit ergibt jedoch, dass die jungen Leute umgehend wieder freizulassen seien. Ein Stasi-Mann entschuldigt sich sogar bei den Festgenommenen für das Versehen.

Nachdem bereits die Todesschüsse auf Benno Ohnesorg am Rande der Anti-Schah-Demonstration in Westberlin am 2. Juli 1967 eine Verschärfung der Konflikte eingeleitet haben, kulminieren die Auseinandersetzungen nach dem Attentat auf Rudi Dutschke am 11. April 1968. Es kommt in zahlreichen Orten zu Straßenschlachten. Die Proteste richten sich vor allem gegen den Medienunternehmer Axel Springer, der für die Eskalation der Gewalt verantwortlich gemacht wird. Darüber gibt es in der DDR eine intensive Berichterstattung. DDR-Reporter berichten live vom Ort des Attentats gegen Dutschke. Zeitungen bringen ganzseitige Reportagen mit vielen Fotos über die Unruhen in zahlreichen bundesdeutschen Städten.

Die FDJ intensiviert ihre Kontakte zum SDS, der als «Sozialistischer Deutscher Studentenbund» bezeichneten Organisation der rebellierenden Studenten. Die Westberliner Studenten um Rudi Dutschke laden Vertreter der FDJ zu einem im Februar geplanten Vietnamkongress ein. Nach Hin- und Herüberlegen lehnt der Zentralrat der FDJ das ab, da sich zu viele linkssektiererische, trotzkistische und maoistische

21 Wolle, Traum von der Revolte, S. 95.

Akteure dort tummeln würden und da ihm Forderungen wie die Blockade von Waffentransporten zu radikal erscheinen. Außerdem befürchten die FDJler, dass es zu Kritik an der Politik der Sowjetunion kommen könnte. Das ist in der DDR tabu.

Zugleich zeigt sich bei der Kontaktaufnahme, dass die 68er Revolte im Westen bei aller antiimperialistischer Zielsetzung auch immer das Potenzial hat, die SED-Diktatur zu destabilisieren. So gibt es Planungen für ein gemeinsames Seminar von SDS und FDJ an der Ostberliner Humboldt-Universität. An diesem soll sogar SED-Chefideologe Kurt Hager teilnehmen. Die FDJ ist jedoch nicht bereit, Forderungen der Westdeutschen nach öffentlicher Debatte zu erfüllen. Stattdessen lehnen die ostdeutschen Funktionäre die Durchführung einer öffentlichen Podiumsdiskussion und die Gewährung freien Zugangs für alle Studenten als «antikommunistisch und provokatorisch» ab. Daraufhin kommt die Veranstaltung nicht zustande.[22]

Es gibt indes auch außerhalb der FDJ Kontakte ostdeutscher Jugendlicher zur westdeutschen Studentenbewegung. Am 27. Januar 1968 beispielsweise findet ein großes Treffen in einer Wohnung in Ost-Berlin statt, bei dem ca. 30 Ostberliner mit den westdeutschen 68ern Rudi Dutschke, Dieter Kunzelmann, Rainer Langhans und Fritz Teufel über die Möglichkeit einer linken Opposition in der DDR diskutieren. Die ostdeutschen Diskutanten bestehen darauf, dass eine Opposition unter allen Umständen legal und öffentlich sein müsse. Und sie müsse marxistisch sein, um die Parteibürokratie mit den eigenen Mitteln zu schlagen. Zentraler Ansatzpunkt müsse die Jugend sein.

Nicht alles, was von den Gastgebern geäußert wird, stößt auf Zustimmung bei den westdeutschen Gästen. So sind die Westberliner enttäuscht über das aus ihrer Sicht «bürgerliche Gedankengut» vieler DDR-Oppositioneller. Dennoch äußert sich Dutschke positiv über die «antiautoritären, real-demokratischen Tendenzen» in der DDR.

---

22 Vgl. Wolle, Traum von der Revolte, S. 99f.

Für die westdeutsche 68er-Bewegung bleibt die DDR jedoch ein marginales Thema. Die Revolutionsromantik der jungen Studierenden richtet ihre Faszination auf scheinbar exotische Sozialismus-Experimente in Kuba, Vietnam und China; mit der grauen und bei Transitfahrten oder Kurzbesuchen wenig attraktiv erscheinenden DDR haben die 68er wenig am Hut. Zwar sind DDR-Schriftsteller wie Christa Wolf oder Stephan Heym auch im Westen bekannt, ebenso wie Wolf Biermann. Dennoch schreibt einer der Akteure rückblickend und repräsentativ für die Mehrheit seiner Mitstreiter: «Eine Opposition in der DDR konnten wir nicht erkennen.» Die SED-Parteidiktatur sei vielen eher als ärgerliches Hindernis für die Entfaltung der eigenen utopischen Ideen erschienen: «Wie sollte man eine sozialistische Politik und Perspektiven begründen, wenn gerade die quasi ‚vor der Haustür' immer wieder diskreditiert wurden?»[23]

Das MfS versucht zunächst, die westdeutsche Studentenbewegung zu unterwandern und in kommunistischem Sinne zu beeinflussen. Dazu gehört auch, dass die Aktivitäten der Studenten von der DDR aus unterstützt werden. Für den im Februar 1968 durchgeführten großen Vietnam-Kongress, zu dem prominente Schriftsteller und Philosophen wie Ernest Mandel, Erich Fried und Peter Weiss als Redner geladen sind, ermöglicht das MfS die bevorzugte Abfertigung von 2667 Personen in 49 Bussen und 179 Pkw an der Grenze und deren ungehinderte Durchreise durch das Gebiet der DDR nach Westberlin.[24]

Ab Frühjahr 1968 wird den ostdeutschen Kommunisten aber zunehmend klar, dass sich die Bewegung nicht vor ihren Karren spannen lässt. Nachdem Rudi Dutschke öffentlich for-

---

23 Matthias Pfuller, Die 68er und die DDR, in: Friedrich-Ebert-Stiftung Mecklenburg-Vorpommern (Hg.), 1968 – Die Utopie eines dritten Weges. Beiträge vom 16. Häftlingstreffen in Güstrow 2018, S. 50-62, zit. 53, 55.

24 Einzelinformation Nr. 177/68 über den Ablauf der Durchreise von Teilnehmern zum Vietnam-Kongress in Westberlin am 17. und 18. Februar 1968, 19.2.1968, in: Bundesarchiv, MfS, ZAIG 1444, Bl. 1–3.

dert, kritische linke Gruppen in der SED zu unterstützen, um «die autoritären Strukturen zusammen mit einer Fraktion der Partei und den Massen von unten aufzubrechen», verhängt die SED eine Einreisesperre gegen ihn.

Unterdessen entgeht es der Staatssicherheit nicht, dass es im eigenen Land Sympathisanten der 68er gibt, welche die jungen Westdeutschen als Verbündete im Kampf gegen verkrustete Strukturen und Dogmen ansehen. «Viele Jugendliche in der DDR griffen das revolutionäre Pathos, den verbalen Radikalismus und das nonkonformistische Lebensgefühl der westlichen Linken auf, zielten damit aber auch auf die eigene Obrigkeit, die sie als satt, verbürgerlicht und verspießert ansahen», schreibt Wolle.[25] Eine besondere subversive Gefahr geht laut Stasi von Kindern kommunistischer Funktionäre der DDR wie Frank Havemann, Thomas Brasch und anderen aus. Diese «Gruppierung jugendlicher Personen, die sich Anfang des Jahres 1967 herausbildete, vorwiegend in den Gaststätten der neuerbauten Karl-Marx-Allee in Berlin verkehrt und durch ungebührliches Verhalten sehr oft Anlass für öffentliches Missbehagen ist», fühle sich «durch eine gemeinsame negative Haltung zur Politik der Partei und den gesellschaftlichen Verhältnissen in der DDR verbunden.» Ein Stasi-Bericht von März 1968 warnt: «Insbesondere beziehen diese Jugendlichen eine grundsätzliche skeptische und kritische Haltung zu Maßnahmen der Machtausübung der Organe der Arbeiter- und Bauern-Macht in der DDR, lehnen teilweise den antifaschistischen Schutzwall an der Staatsgrenze ab und betrachten sogenannte Freiheitsideale der westlichen Welt als erstrebenswert.»[26]

---

25 Wolle, Traum von der Revolte, S. 95.

26 MfS, Operativ-Einzelinformation Nr. 276/1968, 11.3.1968, in: Die DDR im Blick der Stasi 1968 (https://www.ddr-im-blick.de/jahrgaenge/jahrgang-1968/report/operativ-einzelinformation-ueber-oppositionelle-treffen-bei-hunzinger/; letzter Zugriff: 2.11.2024).

Das ist jedoch eine kleine Minderheit. Die Mehrheit der DDR-Bevölkerung steht den jungen 68ern in Ost und West ablehnend gegenüber. Von der Springer-Presse geprägte Begriffe wie «Politgammler» bringen auch die negative Einstellung der Ostdeutschen auf den Punkt: «Sie hielten die Rebellen für verzogene Bürgersöhnchen, denen der Hosenboden versohlt gehört», schreibt Stefan Wolle. Auch viele Fernsehzuschauer der DDR «gönnten den Protestierern von Herzen die kalte Dusche, wenn Fernsehbilder vom Einsatz der Wasserwerfer gegen Demonstranten über die Bildschirme flimmerten».[27]

---

27 Wolle, Traum von der Revolte, S. 97.

Prager Frühlingswind

Während der Westen von einer globalen Jugendrevolte erschüttert wird, steht das Jahr 1968 im Osten Europas im Zeichen eines milden politischen Windes, der aus Prag hinüberweht. Im Januar 1968 wird Alexander Dubček Parteivorsitzender der tschechoslowakischen Kommunisten. Drei reformwillige Gruppen unterstützen ihn: Neben Wirtschaftsreformern und slowakischen Föderalisten sind das vor allem Intellektuelle, die Meinungsfreiheit, Rechtsstaatlichkeit und Demokratie fordern. Die personelle Umbesetzung an der Parteispitze hat Signalwirkung innerhalb der Gesellschaft der Tschechoslowakei. Presse, Rundfunk und Fernsehen informieren umfassend über die Neuausrichtung der Partei, kritische Diskussionen werden rasch zur Normalität.

Die Reformbewegung kommt nicht wie ein Blitz aus heiterem Himmel, sie hat eine Vorgeschichte. Bereits im Juni 1967 übt der tschechoslowakische Schriftstellerverband Kritik an der staatlichen Zensurpraxis. In der Frühphase sind es dann vor allem die Prager Studenten, die zum «Motor der gesellschaftlichen Veränderung» werden.[28] Im Oktober 1967 kommt es zu einer großen Studentendemonstration in Prag. Anlass sind unter anderem Stromabschaltungen in Internaten, worauf die jungen Leute mit der doppeldeutigen Forderung «Mehr Licht» reagieren. Bereits zu dieser Zeit entstehen unabhängige Studentenvertretungen. Anders als bei der westdeutschen Studentenbewegung spielt der Generationenkonflikt jedoch eine untergeordnete Rolle; die Zustimmung der jungen Leute zu Dubčeks Reformkurs ist einhellig.

Zu einem bedeutenden Meilenstein in der Reformdebatte wird das so genannte «Manifest der 2000 Worte», das der

---

28 Jürgen Danyel, 1968 zwischen Ost und West. Was heißt es, 1968 aus einer europäischen Perspektive zu betrachten? In: Friedrich-Ebert-Stiftung Mecklenburg-Vorpommern (Hg.), 1968 – Die Utopie eines dritten Weges. Beiträge vom 16. Häftlingstreffen in Güstrow 2018, S. 12-34, zit. 22.

Schriftsteller Ludvík Vaculík verfasst und am 27. Juni 1968 veröffentlicht. Das Manifest preist die Meinungsfreiheit als wichtigste Errungenschaft des Reformprozesses und betont die zentrale Rolle der Kommunistischen Partei für die gesellschaftlichen Veränderungen. Es fordert eine gesamtgesellschaftliche Demokratisierung auf allen Ebenen und mündet in den Appell: «Wir haben wieder die Möglichkeit, unsere gemeinsame Sache, die den Arbeitstitel Sozialismus trägt, in die Hände zu nehmen und ihr eine Form zu geben, die besser unserem früheren guten Ruf als auch der verhältnismäßig guten Meinung entsprechen würde, die wir früher über uns hatten.»[29] Hunderttausende unterschreiben das Manifest binnen Tagen. Die kommunistische Führung hingegen, die einen langsameren, vorsichtigeren Kurs steuern will, distanziert sich davon.

In der DDR ist das Manifest tabu. Ein DDR-Wissenschaftler, dem es nicht möglich gewesen ist, den gesamten Text zu lesen, fragt im Juli 1968, was an dem Manifest denn so gefährlich sei: «Wir bekommen nur ein paar Sätze daraus zu lesen. Warum nicht alles? Es könnte ja mit einem Kommentar versehen sein.» Die bohrenden Fragen des Berliner Wissenschaftlers verdeutlichen das insgesamt große Interesse vor allem kritisch eingestellter DDR-Bürger an den Entwicklungen in Prag: «Warum ist das so verwerflich, was dort geschieht? [...] Es muss doch einen Weg geben, auf dem man das Gute des Kapitalismus und das Gute des Sozialismus zu aller Nutzen vereint.» Auch ein Lehrling im VEB Kohlenhandel sieht im «Prager Frühling» eine Chance, den Sozialismus zu erneuern: «Geht Euren konsequenten Weg zum eigenen Sozialismus weiter», schreibt er in einer Solidaritätsadresse nach Prag.

---

29 Ludvík Vaculík, Manifest der «2000 Worte», in: Herder-Institut (Hg.), Dokumente und Materialien zur ostmitteleuropäischen Geschichte. Themenmodul «Sowjetische Hegemonie in Ostmitteleuropa (1922-1991)», bearb. von Guido Hausmann, Dimitri Tolkatsch und Jos Stübner (https://www.herder-institut.de//digitale-angebote/dokumente-und-materialien/themenmodule/quelle/1486/details.html; letzter Zugriff: 3.11.2024).

Als er versucht, unter seinen Kollegen Unterschriften dafür zu sammeln, wird er verhaftet.[30]

Interessanterweise berichten auch die Westmedien wenig über den «demokratischen Sozialismus», so dass interessierte Ostdeutsche eigene Recherchen anstellen müssen. Eine mögliche Informationsquelle ist die deutschsprachige «Prager Volkszeitung», die Mitte Mai in der DDR verboten wird und seitdem unter der Hand kursiert. Weiterhin gibt es Radio Prag, das im Jahr 1968 mehr gehört wird als zuvor. Vor allem aber wird die Stadt selbst im Sommer 1968 ein beliebtes Reiseziel für ostdeutsche Jugendliche. «Die Ideen, der Enthusiasmus, die Dynamik des Prager Frühlings zogen die Blicke der Bewohner der DDR magnetisch an. Sie setzten Maßstäbe, an denen sich schlicht alles in der DDR ins Bedeutungslose verkleinerte», schreibt der Historiker Bernd Florath.[31] «Für die meisten Ostdeutschen ging es zunächst um ein wenig mehr Luft zum Atmen, ein bisschen mehr Farbe im realsozialistischen Alltag, ein paar bunte Kleinigkeiten, die das Leben interessanter machten,» schildert Stefan Wolle, Zeitzeuge und Historiker zugleich, die damalige Stimmung. Es gibt in Prag Schallplatten von westlichen Stars wie den Beatles, den Bee Gees und den Rolling Stones, es gibt westliche Zeitungen und Zeitschriften und in den Kinos laufen aktuelle US-Filme mit tschechischen Untertiteln. «Man durfte in Prag mit der Gitarre auf der Straße sitzen, ohne von erziehungswütigen Volkspolizisten behelligt zu werden. Dort konnte man junge Leute aus der ganzen Welt treffen und mit ihnen frei reden», erinnert sich Wolle. «Bis nach Mitternacht konnte man spazieren gehen, während in den Kneipen noch Musik spielte.»[32]

---

30 Wolle, Traum von der Revolte, S. 91.

31 Bernd Florath, Einleitung 1968, in: Die DDR im Blick der Stasi 1968. Die geheimen Berichte an die SED-Führung, Göttingen 2018, S. 12-59, zit. 45.

32 Wolle, Traum von der Revolte, S. 147f.

Der Ost-Berliner Liedermacher Wolf Biermann dichtet: «In Prag ist Pariser Kommune, sie lebt noch! / Die Revolution macht sich wieder frei / Marx selber und Lenin und Rosa und Trotzki / stehen den Kommunisten bei. / Der Kommunismus hält wieder im Arme / die Freiheit und macht ihr ein Kind, das lacht, / das leben wird ohne Büroelephanten / von Ausbeutung frei und Despotenmacht.»[33]

In der DDR läuft unterdessen bereits eine Pressekampagne gegen den «Prager Frühling». Das SED-Zentralkomitee kritisiert das Reformprogramm der tschechoslowakischen Kommunisten im April 1968 mit folgenden Worten: «Das Programm ist in seinem Inhalt äußerst widersprüchlich, trägt einen eklektizistischen und revisionistischen Charakter. Es stellt einen Kompromiss mit den reaktionären Kräften dar, der auf der Unterschätzung des nationalen und internationalen Klassenkampfes beruht und in der Außenpolitik und in den Außenbeziehungen nationalistischen Akzenten Raum gibt.»[34]

Der Kipppunkt für die SED ist ein Interview des tschechischen ZK-Mitglieds Josef Smrkovsky mit dem WDR-Fernsehen. In diesem preist Smrkowsky die öffentliche Diskussion in einer von Zensur befreiten Presse der ČSSR als Ausdruck des Demokratisierungsprozesses. Dieses am 17. März 1968 im westdeutschen Fernsehen ausgestrahlte Interview ist, so Florath, «das erste authentische Dokument, das Ostdeutsche in ihre Wohnstuben geliefert» bekommen.[35] In dem Interview spricht kein westdeutscher Journalist, dessen Meinung man annehmen kann oder nicht, es spricht ein Mitglied des ZK der KPČ. Vielen Menschen in der DDR wird jetzt zum ersten Mal bewusst, welche historischen Veränderungen sich im

---

33 Wolf Biermann, Mit Marx- und Engelszungen. Gedichte, Balladen, Lieder, Berlin 1968, S. 70.

34 SED-ZK, Information, Berlin, 22.4.1968, in: Stiftung Archiv der Parteien und Massenorganisationen im Bundesarchiv, DY 30/IV A 2/20/1017, S. 103.

35 Florath, Einleitung 1968, S. 41.

benachbarten Bruderstaat vollziehen. Zugleich ändert sich nun die Haltung der SED. Chefideologe Kurt Hager wirft dem tschechischen Genossen vor, damit die westdeutsche Kampagne gegen die gerade auf Hochtouren laufende Verfassungsdiskussion in der DDR zu unterstützen. Auch Staats- und Parteichef Walter Ulbricht, der den tschechischen Reformern bis Anfang 1968 viel Wohlwollen entgegenbringt, schwenkt um und warnt, diese Art der Pressefreiheit, die solche Statements unwidersprochen hinnehmen würde, könne direkt zur Konterrevolution führen.

Das Aktionsprogramm der KPČ vom April 1968 konkretisiert, wohin der «Prager Frühlingswind» wehen soll. Die Gesellschaft soll demokratisiert, die Partei durch das Parlament wirkungsvoll kontrolliert, der Rechtsstaat ausgebaut, politisch Verfolgte rehabilitiert und die innenpolitischen Kompetenzen der Geheimpolizei beschnitten werden. In der Wirtschaft sollen marktwirtschaftliche Elemente eingeführt, die Zensur soll abgeschafft und der Pluralismus von Interessen verschiedener Akteure anerkannt werden. All das soll auf einen «demokratischen Sozialismus» hinauslaufen, was von SED-Funktionären stets dahingehend kommentiert wird, dass in der DDR solche Reformen nicht nötig seien, da die DDR längst «demokratisch» sei. Anfang August 1968 behauptet Walter Ulbricht sogar, die DDR sei «ein oder zwei Stufen höher in der sozialistischen Demokratie, als das gegenwärtig in der Tschechoslowakei der Fall ist».[36] Bereits einen Monat zuvor hat der SED-Chef die tschechoslowakischen Kommunisten vor einer «Konterrevolution auf Filzlatschen» gewarnt, die durch die Reformen auf den Plan gerufen werde.[37]

Der Einmarsch sowjetischer Truppen am 21. August 1968 wegen angeblicher konterrevolutionärer Umsturzpläne kommt dann auch nicht völlig unerwartet. Zuvor haben sowjetische

---

36 Ilko-Sascha Kowalczuk, Walter Ulbricht. Der kommunistische Diktator, München 2024, S. 673.

37 Kowalczuk, Walter Ulbricht, S. 672.

Truppen mit Manövern an der Grenze bereits eine Drohkulisse aufgebaut. Trotzdem ist die Militärinvasion für viele ein Schock. Zu den 300.000 Soldaten, die den «Prager Frühling» mit Panzergewalt beenden, gehören auch polnische, ungarische und bulgarische Soldaten, aber keine deutschen. Die NVA sichert lediglich die Grenze zur ČSSR.

Während sich die tschechischen Kommunisten nicht gleich geschlagen geben und am Tag nach dem Einmarsch in einer Fabrikhalle bei Prag einen außerordentlichen Parteitag abhalten, bei dem sie die Okkupation verurteilen und das Festhalten am demokratischen Sozialismus bekräftigen, stellt sich die SED ganz auf die Seite der Sowjetunion.

Die Einmütigkeit, mit der Moskau unterstützt wird, und die Härte, mit der die SED gegen Kritiker vorgeht, ist jedoch trügerisch. Hinter den Kulissen ist die Niederschlagung des tschechoslowakischen Reformsozialismus ein ambivalentes Signal, denn damit wird nicht nur die Lockerung von Zensur und Repression, sondern auch ein ökonomisches Reformprojekt beendet, das Ähnlichkeit hat mit dem von Walter Ulbricht seit 1963 propagierten Neuen Ökonomischen System in der DDR. «Ihm hatte eine zukunftsorientierte, wissenschaftlich und technisch innovative Gesellschaft der sozialen Harmonie vorgeschwebt, die von einer jungen, hochqualifizierten und motivierten Elite geführt wird, welche die Zukunft meistert, eines Tages sogar Westdeutschland in den Schatten stellen und für die Werktätigen der BRD von großer Anziehungskraft sein könnte. All das war mit dem Einmarsch in der ČSSR gescheitert», schreibt Wolle.[38] Indirekt stärken die Ereignisse in Prag die Kritiker Ulbrichts um den aufstrebenden Erich Honecker, der zurückkehren will zu einer rigiden, von oben gesteuerten Planwirtschaft, was wenig später auch geschieht.[39]

---

38 Wolle, Traum von der Revolte, S. 228.

39 Vgl. Werner Mittenzwei, Die Intellektuellen, Berlin 2003, S. 235.

So wie es bei den Mächtigen eine eindeutige Fassade gibt und komplexe Vorgänge dahinter, so ist es auch bei der Mehrheit der Bevölkerung. Was in den Menschen vorgeht, darüber gibt es keine Statistiken und man kann nur mit dem Literaturwissenschaftler Werner Mittenzwei mutmaßen, dass bei vielen «anstelle von Vertrauen und Hoffnung» nun «zunehmend der Zweifel» tritt.[40] Obwohl viele Menschen enttäuscht sind über die militärische Niederschlagung des Prager Reformkommunismus und den August 1968 rückblickend als Bruch in ihrer Biografie ansehen, geschieht an dem Tag des Einmarsches selbst in der DDR, so Stefan Wolle, «wenig oder nichts». Für den Zeitzeugen Wolle, der den «Gegensatz zwischen dem überwachen und angespannten Sensorium und der bedrückenden Friedhofsruhe» an jenem 21. August deutlich spürt, ist es «gerade dieses permanente Nichtgeschehen», das das Jahr 1968 in der DDR prägt.[41]

Die SED startet eine massive Kampagne zur Unterstützung der sowjetischen Militärintervention und setzt viele Menschen unter Druck. Die Presse «bringt eine unglaubliche Verdrehung der Tatsachen», notiert der Leipziger Hartmut Zwahr: «Beim Lesen bricht mir der Schweiß aus. Ungeheuerlich werden die Menschen belogen.» «Er verfolgt die Tage der Militärintervention am Radio und notiert die Meldungen tschechischer und slowakischer Sender akribisch in sein Tagebuch. «Kaum je habe ich unsere Ohnmacht mehr gefühlt als in diesen Tagen, wo wir uns so unendlich schämen müssen.» Zwahr schämt sich für die Kommunisten in seinem Umfeld, die «Freudentänze» aufführen angesichts der Niederschlagung des Prager Frühlings. «Das ist peinlich, aber die Hysterie wird aufgepeitscht.»[42]

Ein besonders absurdes Beispiel für die Propaganda jener Tage bietet die Zeitschrift «Melodie und Rhythmus»,

---

40 Mittenzwei, Die Intellektuellen, S. 237.

41 Wolle, Traum von der Revolte, S. 13.

42 Zwahr, Die erfrorenen Flügel, S. 125, 134.

die unter der Schlagzeile «Schlagerkonzerne als Drahtzieher der Konterrevolution» behauptet, der «Feind» habe zunächst versucht, «durch westliche Schlagermusik eine apolitische Haltung zu erreichen, die ja in der westlichen Schlagermusik selbst propagiert wird. Nach dem Durchlaufen dieser Phase sollte eine Entfremdung zu alldem eintreten, was sozialistisch ist. Auf einer weiteren Stufe der Diversion war die direkte Demoralisierung der Jugend vorgesehen, insbesondere durch die hektisch aufpeitschenden Erscheinungen der musikalischen Unkultur. Damit sollte dann die letzte Stufe angesteuert werden, in der direkte Handlungen gegen den sozialistischen Staat vorgesehen waren. In der Tat lief die Eskalation des ideologischen Eindringens in die ČSSR genauso ab».[43]

Um den Eindruck zu erwecken, das ganze Land stehe einmütig hinter der militärischen Intervention, werden in Schulen, Betrieben, Verwaltungen und Kasernen Resolutionen nach einem vorgegebenen Muster verabschiedet: Zunächst wird Zustimmung zum Einmarsch geäußert, dann den sowjetischen Genossen gedankt und schließlich wird die Unterstützung durch eine Selbstverpflichtung untermauert.

Nicht alle zeigen sich bereit, die Farce der öffentlichen Unterstützungserklärungen mitzumachen. Solche Verweigerungen werden bestraft, indem etwa Schüler und Studenten von der Erweiterten Oberschule bzw. vom Studium entfernt werden.

Manche äußern auch Kritik, ziehen zum Beispiel Parallelen zum Einmarsch der deutschen Wehrmacht 30 Jahre zuvor: «So hat es 1938 schon einmal angefangen,» heißt es. Studenten werfen Fragen auf wie: «Ist der demokratische Sozialismus nicht begrüßenswert? Ist der Marxismus nicht vielleicht doch revisionsbedürftig? Muss man nicht auch bei uns an Reformen denken, damit es nicht wie in der ČSSR wird?»[44]

---

43 Zit. in: Michael Rauhut, Rock in der DDR, Bonn 2002, S. 41.

44 Quelle: SED-Informationsbericht 24.8.1968, Leipzig, in: Ohse, Jugend nach dem Mauerbau, S. 201f.

Solche Sympathiebekundungen von Studenten mit dem «Prager Frühling» registriert das MfS bereits seit dem Frühjahr, insgesamt aber findet die Reformbewegung an Hochschulen wenig Resonanz, was auch daran liegt, dass Studierende damit ihre Zukunft riskieren. Während sich in der BRD junge Menschen politisieren und durch ihr Studium Karrieren aufbauen können, hat ein vergleichbares Engagement in der DDR gegenteilige Auswirkungen. Oppositionelle Studierende kommen in Haft und verlieren ihre Studienberechtigung. Daher ist es nicht verwunderlich, wenn Walter Ulbricht, nach der Lage unter den Studenten der DDR befragt, am 13.8.1968 in Karlovy Vary antworten kann, diese seien so sehr mit der Hochschulreform beschäftigt, dass sie gar keine Zeit hätten, sich mit der bürgerlichen Ideologie zu befassen: «Lieber singen sie fröhliche Lieder, als dass sie diesen westdeutschen Quatsch hören.»[45]

Die 1968 beschlossene 3. Hochschulreform bringt eine Vereinheitlichung der ideologischen Kontrolle des Studiums. Unterricht in Marxismus-Leninismus und Russisch werden ebenso wie eine militärische Ausbildung obligatorisch. Von jedem Studenten wird eine Mitgliedschaft in der FDJ verlangt. Von männlichen Studenten wird zudem die Ableistung von drei Jahren Wehrdienst vor dem Studium erwartet. Die Reform vereinheitlicht den Ablauf des Studiums sowie die Absolventenlenkung. Zeitgleich wird aber auch das Stipendium für die DDR-Studenten erhöht.

Die Ausmaße der Proteste, die sich an den Universitäten der DDR regen, nachdem die sowjetischen Panzer in Prag eindringen, ist vergleichsweise gering. Zwar werden insgesamt 127 Disziplinarverfahren an DDR-Hochschulen eingeleitet. Doch es sind nur Einzelne, die Kritik äußern. Dem Historiker Marc-Dietrich Ohse zufolge ist es generell, trotz einzelner Sympathien mit dem Prager Frühling, nicht gelungen, «die ostdeutschen Hochschulen für den Wertehorizont eines

45 Zit. in: Zwahr, Die erfrorenen Flügel, S. 95.

demokratischen Sozialismus zu öffnen». Das Zentrum der ohnehin nur kleinen Opposition liegt außerhalb der Universitäten: «Anders als in Polen und der Tschechoslowakei im Osten, anders auch als im Westen trieb in der DDR die junge Arbeiterschaft statt der jungen Intelligenz die Auseinandersetzungen mit dem ‚Establishment' voran.»[46] Die meisten Proteste werden von Lehrlingen und jungen Arbeitern gewagt. Binnen eines Monats werden über 1000 Tatverdächtige inhaftiert. Davon sind 70 Prozent junge Arbeiter und Angestellte, 13 Prozent Lehrlinge, 6 Prozent Schüler und nur 3 Prozent Studenten. Die regionalen Schwerpunkte der Protestaktionen liegen in der DDR-Hauptstadt Berlin sowie in den sächsischen Bezirken Karl-Marx-Stadt, Dresden und Leipzig.

Eine häufige Protestform ist das Anbringen von Losungen an Brücken und Häuserwänden. Vereinzelt kommt es sogar zu Demonstrationen. So versammeln sich am Tag nach dem Einmarsch 150 bis 250 Jugendliche auf dem Erfurter Anger und versuchen, mit Passanten über den Einmarsch zu diskutieren. 36 Jugendliche werden verhaftet. In Gotha, Weimar, Potsdam, Berlin und anderen Städten kommt es ebenfalls zu Demonstrationsversuchen.[47] Eher eine Ausnahmeerscheinung ist das mutige Telegramm eines Finanzökonoms aus Halle an die Botschaft der ČSSR in Ostberlin: «Ich bange mit Ihnen und ihren gutgesinnten Landsleuten Halten Sie stand Behalten Sie Hoffnung Bernd Eisenfeld». Im September 1968 verteilt Eisenfeld dann auch noch selbst gefertigte Flugblätter. Der Text besteht aus einem Zitat aus Lenins «Dekret über den Frieden», das Eisenfeld mit dem dringlichen Kommentar «Denk bitte nach! bitte schweig nicht!» versehen hat. «Die Bürger zu bitten, über ein Lenin-Zitat nachzudenken und nicht zu schweigen, das schien ihm selbst im Rahmen der DDR-Rechtsordnung und ihrer neuen Verfassung legal zu sein», schreibt der Historiker Falko Werkentin. Tatsäch-

46 Ohse, Jugend nach dem Mauerbau, S. 218.

47 Vgl. Bernd Gehrke, Die 68er-Proteste in der DDR, in: Aus Parlament und Zeitgeschichte, 18.3.2008.

lich aber sieht die Staatssicherheit in Eisenfelds Flugblatt «konterrevolutionären Inhalt». Der junge Mann wird verhaftet und wegen «staatsfeindlicher Hetze» in Verbindung mit «Staatsverbrechen, die gegen ein anderes sozialistisches Land gerichtet sind», zu zweieinhalb Jahren Haft verurteilt, die Eisenfeld voll verbüßen muss.[48]

Schwerpunkt der Proteste ist Ostberlin, wo mehr als ein Viertel der Protestaktionen stattfinden. So wird der Regisseur an der Komischen Oper Berlin, Horst Bonnet, am Alexanderplatz verhaftet, als er gemeinsam mit seiner Ehefrau, einer Ärztin am Klinikum Buch, selbstgefertigte Flugblätter niederlegt, in denen das Ehepaar ihre Sympathie zu Dubček zum Ausdruck bringt. Beide werden zu Haftstrafen verurteilt und angesichts zahlreicher Eingaben von Kollegen nach 13 Monaten Haft freigelassen.[49]

Zu den Aufbegehrenden gehört auch der spätere DDR-Rockstar Anton Krahl (Band «City»), Sohn eines Redakteurs des Neuen Deutschland. Der 19jährige Krahl protestiert zunächst bei der tschechoslowakischen Botschaft und initiiert dann eine Schweigedemonstration vor der sowjetischen Botschaft. Auch die spätere oppositionelle Liedermacherin Bettina Wegner, die ebenfalls aus einem kommunistischen Elternhaus stammt, beteiligt sich an den Protesten. Die damalige Studentin der Staatlichen Schauspielschule schreibt, wie ihr damaliger Lebensgefährte Thomas Brasch, handschriftlich Flugblätter mit Parolen wie «Hände weg von Prag! », «Stalin lebt» und «Hoch Dubček» und steckt sie in Briefkästen. Sie wird verhaftet, von der Hochschule verwiesen und muss sich anderthalb Jahre «in der Produktion bewähren».

Generell sind zahlreiche Kinder von SED-Funktionären an den Aktionen beteiligt. Neben dem bereits erwähnten späteren Schriftsteller und Filmemacher Thomas Brasch, Sohn des stellvertretenden DDR-Kulturministers Horst Brasch,

---

48 Vgl. ebd., S. 295.

49 Vgl. Werkentin, Politische Strafjustiz, S. 288.

Bundesarchiv Bild 183-G1105-0030-001 Peter Liebers

Rückkehr sowjetischer motorisierter Truppen nach der Niederschlagung des Prager Frühlings. Mit Blumensträußen und kleinen Geschenken werden die «sowjetischen Freunde» in Karl-Marx-Stadt (Chemnitz) begrüßt.

gehören auch Erika Berthold, Tochter des Direktors des Instituts für Marxismus-Leninismus, Lothar Berthold, und Frank Havemann, Sohn des Dissidenten Robert Havemann, zu den oppositionellen Jugendlichen. Alle Beteiligten an Protestaktionen werden zu Haftstrafen verurteilt, die jedoch bald in Bewährungsstrafen umgewandelt werden. Oft werden auch die Eltern gemaßregelt. Der Vater von Erika Berthold verliert wegen des oppositionellen Engagements seiner Tochter seinen Posten als Direktor, der Vater von Thomas Brasch wird gleichfalls abgesetzt.

Insgesamt werden in der DDR über 10.000 so genannte «Hetzschriften» aufgefunden. An 1690 Stellen werden «Hetzlosungen geschmiert».[50] Bei spontanen Aktionen wird einfach der Name «Dubček» an Häuserwände geschrieben. Es gibt Flugblattaktionen mit einem Text von Wolf Biermann oder mit Losungen wie «Es lebe das rote Prag!». In Thüringen wird ein Stellwerksmeister der Deutschen Reichsbahn verhaftet, nachdem er öffentlich fordert, die Bürger der DDR sollten sich den Freiheitsbestrebungen des «Prager Frühlings» anschließen. Er muss für dreieinhalb Jahre in Haft.[51]

Die öffentliche Wirksamkeit der Protestaktionen ist aber gering, das persönliche Risiko sehr hoch. Die begrenzte Wirkung der Proteste ist ein Beleg für die im Jahr 1968 nahezu reibungslos funktionierende Sicherheitsmaschinerie der SED-Diktatur. Flugzettel werden umgehend konfisziert, Losungen übermalt und Beteiligte abgeführt. In keinem Fall erreichen die Proteste Massenwirksamkeit. Die SED tut alles dafür, dass Aufsehen vermieden wird.

Insgesamt führt die strafrechtliche Ahndung von Protesten auch nicht zu einem signifikanten Anstieg der Häftlingszahlen in DDR-Gefängnissen. So sind von den 313 jungen Menschen (bis 20 Jahre), die wegen ihrer Beteiligung an Protesten verhaftet werden, zum Jahresende bereits 286 wieder auf freiem Fuß.[52]

Die Einschüchterung wirkt, die Proteste ebben ab. Aber auch bei denen, die nicht offen rebellieren, hinterlässt der sowjetische Truppeneinmarsch tiefe Spuren. Die Schriftstel-

---

50 Vgl. Monika Tantzscher, Maßnahme «Donau» und Einsatz «Genesung». Die Niederschlagung des Prager Frühlings 1968/69 im Spiegel der MfS-Akten, Der Bundesbeauftragte für die Unterlagen des Staatssicherheitsdienstes der ehemaligen Deutschen Demokratischen Republik, Reihe B: Analysen und Berichte Nr. 1/1994, S. 36.

51 Vgl. Werkentin, Politische Strafjustiz, S. 290.

52 Vgl. ebd., S. 293.

lerin Christa Wolf beschreibt rückblickend, sie habe die Invasion «als einen existentiellen Schock erlebt». Bis 1968 habe sie die Hoffnung gehabt, dass sich in der Tschechoslowakei «Kräfte durchsetzen könnten, die den Kern des Traumes vom Sozialismus bewahrten». Diese Möglichkeit sei durch die Panzer «vernichtet» worden.[53]

53 Christa Wolf, Schreiben im Zeitbezug. Gespräch mit Aafke Steenhuis, in: Christa Wolf. Reden im Herbst, Berlin 1990, S. 131-157, zit. 135.

68er in der DDR?

Während die vor allem von Studenten getragene Revolte die bundesdeutsche Gesellschaft kräftig durchrüttelt, bleibt es in der DDR weitgehend ruhig. Ist 1968 im Osten Deutschlands ein Totalausfall? Nicht ganz. Immerhin gibt es auch hier einige wenige Mutige, die auf ähnlich rebellische Weise wie im Westen und unter Inkaufnahme weitaus größerer Risiken gegen autoritäre Strukturen aufbegehren.

Zu erwähnen ist vor allem eine nach dem Vorbild der Westberliner «Kommune I» entstandene alternative Wohngemeinschaft, die 1969 in Ostberlin gegründet wird. Trotz Verhaftungswelle und gesellschaftlicher Isolation ist die Aufbruchsstimmung einiger junger Dissidenten nach der Niederschlagung des Prager Frühlings ungebrochen. Sie setzen die Revolte im privaten Bereich fort. So gründen Erika Berthold, Frank Havemann, Franziska und Gert Groszer die «Kommune I Ost». Zwei Ehepaare und drei Kinder starten ein soziales Experiment und laden zu Diskussionen und Partys ein. In der Kommune gibt es Debatten über antiautoritäre Erziehung, Beziehung, Liebe und demokratischen Sozialismus. Dissidenten wie Robert Havemann und Wolf Biermann sind hier zu Gast, bisweilen kommen auch westliche Journalisten als Gäste vorbei. Erika Berthold schildert, dass die Kommune keine Publicity im Westen will, um das Projekt nicht zu gefährden: «Ihr könnt kommen und Spaghetti essen, aber drüber schreiben is' nich'», macht sie den Gästen aus Westberlin klar. «Und wir haben uns auch nicht fotografieren lassen. Wir wollten unser schönes Kommuneleben nicht aufs Spiel setzen, bloß damit irgendeiner in Konkret einen Artikel schreibt.»[54] Die ostdeutsche «Kommune» besteht bis zu ihrer Auflösung durch das MfS Mitte 1970.

---

54 Erika Berthold, Die Kommune 1 Ost, in: Ute Kätzel (Hg.), Die 68erinnen. Portrait einer rebellischen Frauengeneration, Berlin 2002, S. 221–237, zit. 230.

Schließlich soll auch noch an einen 68er der DDR erinnert werden, den es in Wirklichkeit nicht gegeben hat. Dieser aufmüpfige und eigenwillige Jugendliche namens Edgar Wibeau entspringt im Jahr 1968 der Fantasie des Schriftstellers Ulrich Plenzdorf. Mit seiner unkonventionellen Sprache, seiner Aussteigermentalität und seiner witzigen Bezugnahme auf Goethe und dessen Roman über «Die Leiden des jungen Werthers» wird Wibeau zum Prototyp eines ostdeutschen 68ers, auch wenn er erst einige Jahre später, nachdem der neue SED-Generalsekretär Erich Honecker das Signal zur Enttabuisierung der Kunst gegeben hat, das Licht der Welt erblickt. Erfunden und als Rohmanuskript niedergeschrieben hat Plenzdorf seine Geschichte schon 1968/69.

Bundesarchiv Bild 183-M1116-0300 Vera Katscherowski

Schriftsteller Ulrich Plenzdorf (r.) im Gespräch mit dem Ersten Sekretär des ZK der SED, Erich Honecker (l.) und dem Präsidenten der Akademie der Künste der DDR, Konrad Wolf, am Rande des Schriftstellerkongresses im Jahr 1973.

Solidarität

Während die rebellierenden Studenten in Westberlin ihren inzwischen legendär gewordenen Vietnam-Kongress abhalten, organisiert die SED in Ostberlin eine Vietnam-Ausstellung unter der Losung «Für Dich, kämpfendes Vietnam, unser Herz und unsere Hand». Am 6. März 1968 wird sie im Internationalen Ausstellungszentrum am Bahnhof Friedrichstraße eröffnet. Erklärtes Ziel sei es vor allem «zu zeigen, wie die Spenden der Bevölkerung verwendet werden», erklärt der Vertreter des Vietnam-Ausschusses des Afro-Asiatischen Solidaritätskomitees der DDR, Ingo Friedrich.[55] Zu sehen sind unter anderem Stromaggregate, landwirtschaftliche Geräte und medizinische Ausrüstung.[56]

In der Ausstellung wird durch die Besucher ein «Mosaik der Solidarität» erstellt. Insgesamt 50.000 bunte Glas-Steinchen, welche die Besucher in ein vorgezeichnetes Bild einsetzen können, stehen zur Verfügung. Für jedes Steinchen wird eine Mark gespendet. «Von einem Steinchen, das ein Schulkind von seinem Taschengeld erwarb, bis zu tausend Steinchen einer Wohnparteiorganisation reichen die Spenden für das tapfere vietnamesische Volk, mit dem uns seit Jahren brüderliche Solidarität verbindet», heißt es in einem Bericht der «Wochenpost».[57] Bis November 1968 sind 20.000 Steinchen gesetzt. Von nun an befindet sich das Mosaik im Zentralhaus der Jungen Pioniere «German Titow», wo die jüngsten Berliner in den nächsten Monaten versuchen, das Bild zu vollenden. Das geschieht vor allem durch das Sammeln von Altpapier, Glas und Schrott. Um den Pionieren den Ernst der Lage zu verdeutlichen, hat das Solidaritätskomitee am Mosaik eine

55 Vietnam-Ausstellung in Berlin eröffnet, in: Neue Zeit, 7.3.1968.

56 Vgl. Jeanne und Kurt Stern auf dem Vietnam-Treff, in: Berliner Zeitung, 10.2.1968.

57 Mosaik der Solidarität, in: Wochenpost, 17.4.1968.

kleine Ausstellung arrangiert, die Original-Waffen aus dem Vietnamkrieg, Teile abgeschossener US-Flugzeuge sowie Dokumente aus bombardierten vietnamesischen Krankenhäusern zeigt.[58]

Das Vietnam-Mosaik ist im Jahr 1968 nur eine von vielen Vietnam-Ausstellungen in der DDR, die immer auch dem Zweck dienen, den Befreiungskampf der Vietnamesen zu unterstützen.

Andere Solidaritätsaktionen des Jahres 1968 heißen «Kali für Vietnam» oder «Eine Schiffsfracht für Vietnam» (FDJ). Mit solchen Aktionen wird die Solidaritätsspende in der DDR zum allgemeinen Brauch. Und so sehr die Solidarität mit dem kommunistischen Vietkong auch von Seiten des Staates gefördert und propagiert wird, so sehr wird sie zunehmend aber auch vielen Menschen ein Herzensanliegen. Die Hilfe für Vietnam wird, so der Buchautor Andreas Margara, «nicht nur als Staatsdirektive von oben verordnet, sondern als durchaus sinnvoll erachtet und gelebt».[59] Das unterstreicht etwa die Bereitschaft von zahlreichen DDR-Bürgern zu Blutspenden im Rahmen der Aktion «Blut für Vietnam». Allein 50.000 Mitglieder des FDGB spenden Blut. Ab März 1968 werden in der DDR auch Blutspenden aus Großbritannien gesammelt und zu Blutplasma weiterverarbeitet.[60]

---

58 Vgl. Monat der Solidarität, in: Neue Zeit, 22.11.1968.

59 Andreas Margara, Geteiltes Land, geteiltes Leid. Geschichte der deutsch-vietnamesischen Beziehungen von 1945 bis zur Gegenwart, Berlin 2022, S. 215.

60 Vgl. ebd., S. 181.

Bundesarchiv Bild 183-G1005-0016-001 Rainer Mittelstädt

Aufmerksamkeit erregt im Jahr 1968 die Ausstellung mit Fotos von Thomas Billhardt. Sie zeigt auf der Karl-Marx-Allee in Berlin große Porträts vietnamesischer Menschen.

wikipedia

Briefmarke aus der Serie «Unbesiegbares Vietnam». Erstausgabetag ist der 8. Mai 1968, die Auflage beträgt 9 Millionen Stück. Fünf Pfennige pro Marke gehen als Spende nach Vietnam.

Bundesarchiv Bild 183-P0619-306 Jürgen Ludwig

Der Trabant 601 wurde von 1964 bis 1990 hergestellt und war der meist gebaute Trabant der DDR.

Neue Konsumgüter

In den 1960er Jahren steigt das Bruttosozialprodukt in der DDR jährlich um fünf Prozent, auch mit den Löhnen geht es aufwärts. Der durchschnittliche Bruttolohn wird zwischen 1960 und 1969 um 30 Prozent erhöht. Auch wenn der Lebensstandard deutlich hinter dem des Westens zurückbleibt – es geht aufwärts. Das schlägt sich auch in einer besseren Versorgung mit Konsumgütern nieder. So können sich beispielsweise immer mehr Familien einen neuen PKW der Marken «Trabant» oder «Wartburg» leisten. Waschmaschinen und Kühlschränke gehören in vielen Haushalten zur Grundausstattung. Auch Fernsehapparate und Heimelektronik erobern die Wohnstuben zwischen Kap Arkona und Fichtelberg.

Hier gibt es eine Reihe von Neuentwicklungen wie ein tragbares batteriebetriebenes Tonbandgerät oder die «Stereofonie»: 1968 ist das Jahr der Umstellung von Mono- auf Stereoempfang. Den Anfang machen Radio DDR und die Berliner Welle im Februar 1968, als eine ganze Woche im Zeichen der Stereofonie steht. Radiosendungen mit dem neuen Raumklang gibt es zunächst nur für 15 Stunden pro Woche, im Herbst werden es dann 30 Wochenstunden. Weil ein guter Stereoempfang nur durch Ultrakurzwellensender mit vergleichsweise geringer Reichweite möglich ist, werden neue UKW-Sender in Schwerin, Magdeburg und Karl-Marx-Stadt eingerichtet. In Vorbereitung ist auch bereits das DDR-Farbfernsehen, dass 1969 Premiere haben wird.[61]

Neues gibt es 1968 auch bei der Kleidermode. Schicke und pflegeleichte, und zugleich Ressourcen sparende Modelle werden entwickelt. Insgesamt herrschen synthetische Fasern vor. Die in der DDR hergestellten Chemiefasern ersetzen nicht nur teuer importierte Baumwolle, sie ersparen den werktätigen Hausfrauen auch die Mühe des Bügelns. Auch in

---

61 Vgl. Wolle, Traum von der Revolte, S. 41f.

Bundesarchiv Bild 183-G0131-0018-001 Helmut Schaar

Lehrlinge der Betriebsberufsschule der Leuna-Werke hören am 31. Januar 1968 eine Rede von Walter Ulbricht im Rundfunk.

anderer Hinsicht gelingt die Verbindung von Sparsamkeit und Nutzwert. So präsentiert der VEB Herdas aus Greiz auf der Leipziger Herbstmesse 1968 einen «Ganzjahresmantel». Das «auswechselbare Innenfutter aus Malimo-Teddy-Synthetic» wärmt im Winter und kann im Sommer herausgenommen werden.[62]

Ein besonderes Augenmerk wird im Jahr 1968 auch auf die Bedürfnisse der jungen Menschen gerichtet. Der Forderung Walter Ulbrichts auf dem VII. Parteitag der SED im Jahr 1967, noch mehr Konsumgüter zu produzieren und dabei auch an die Jugend zu denken, folgen rasch konkrete Taten.[63] Nicht

62 Vgl. Wolle, Traum von der Revolte, S. 41f.

63 Vgl. Jugendmode in der DDR: «Kess und farbenfroh» statt Alltagsgrau, in: Dresdner Wochenzeitung DAWO, 25.3.2023.

etwa, dass jetzt Blue Jeans in ausreichender Menge in die Geschäfte kommen; die bleiben Mangelware in der DDR. Aber es geschieht etwas. Jeans aus ungarischer Produktion werden in der DDR verkauft. Sie heißen «Cottino-Hosen», um sich bewusst vom Westen abzugrenzen.[64]

Darüber hinaus wird auch die Produktion im eigenen Land umgestellt. Im DDR-Ministerium für Handel und Versorgung wird eine «Arbeitsgruppe Jugendmode» geschaffen, welche unter dem Slogan «Jugendmode – kess und farbenfroh» erste Modelle entwirft, die sich an westlichen Modetrends ausrichten. Ab April 1968 wird die neue Jugendmode in speziell dafür geschaffenen Läden verkauft. In Berlin und acht weiteren Städten öffnen Jugendmode-Geschäfte. Junge, schick gekleidete Verkäuferinnen bieten Kleidung zu günstigen Preisen an. Neben Freizeit- und Festbekleidung gibt es Schuhe, Mützen und Schmuck im Angebot. Der Markenname «Sonnidee» ist ein Kürzel für «sonnige Jugend, ideenreich gekleidet». Das kommt bei der DDR-Jugend sehr gut an. Vor den Jugendmode-Läden bilden sich lange Schlangen und rasch sind große Teile der Kollektion verkauft.

Zudem gibt es ab Mai 1968 etwas ganz Besonderes: Kleider aus Papier. Auch das ist eine westliche Erfindung, die ursprünglich aus New York stammt. In der DDR werden die Papierkleider unter dem eigenen Markennamen «Vliesett» produziert. Das «Papierkleid» – das in Wirklichkeit zu 60 Prozent aus Viskosefasern besteht, der Rest sind Kunstfasern – ist schick, preiswert, allerdings auch kurzlebig. Nach maximal fünf Mal Waschen kann es nicht mehr getragen werden. Die «Junge Welt», die den neuen Trend propagiert, erklärt die Kurzlebigkeit, die man in anderem Zusammenhang als westliche Dekadenz kritisiert hätte, zum «besonderen Pfiff». Zugleich gibt die Jugendzeitung Tipps, wie man Schäden

---

64 JuMo 68 – kess und farbenfroh», in: DDR-Museum (https://www.ddr-museum.de/de/blog/archive/der-jugend-neue-kleider-jumo-68-kess-und-farbenfroh; letzte Zugriff: 29.10.2024).

vermeiden (nicht beim Sport tragen) oder reparieren (Klebestreifen an der Rückseite anbringen) kann. Der Modehistorikerin Anna Pelka zufolge ist der Trend jedoch nur von kurzer Dauer.[65]

Eine erfolgreichere und nachhaltigere Neuerung des Jahres 1968 im Konsumgüterbereich ist die Milchtüte.[66] Die Verpackung aus geschweißten Schläuchen aus Polyethylen ersetzt in den folgenden Jahren zumindest teilweise die Glasflaschen. Nachteil der umweltfreundlich verpackten Milch in Schläuchen ist, dass es in den Kisten immer ein paar undichte Packungen gibt und man deshalb beim Einkauf erst einmal eine Probe machen muss, ob es nicht irgendwo heraustropft oder gar spritzt. Wenig später werden in der DDR auch die entsprechenden Behälter aus Plaste zur stabilen Lagerung der offenen Milchbeutel produziert. Wer diese nicht zur Hand hat, weiß die Milchtüte geschickt so zu lagern, dass die offene Ecke stabil nach oben zeigt...

65 Vgl. Anna Pelka, A Päschn for Fäschn, in: Der Spiegel, 20.2.2009.

66 Vgl. Wolle, Traum von der Revolte, S. 45.

Abriss von Kirchen

Am 30. Mai 1968 wird die Leipziger Universitätskirche gesprengt. Die 728 Jahre alte Paulinerkirche ist im Zweiten Weltkrieg unversehrt geblieben. Ein Gotteshaus am Karl-Marx-Platz, das ist für den 1. Sekretär der SED-Bezirksleitung Leipzig, Paul Fröhlich, nicht akzeptabel. Im Zuge der Umgestaltung des Universitäts-Campus beschließt die Stadtverordnetenversammlung im Mai 1968 mit nur einer Gegenstimme die «sozialistische Neugestaltung» des Karl-Marx-Platzes. Unmittelbar danach wird die Kirche mit einem Metallzaun abgesperrt. Lange Bohrer treiben Sprenglöcher in das alte Gemäuer. Eine Woche später soll die Kirche bereits in Trümmern liegen.

Doch sofort regen sich Bürgerproteste: 240 Eingaben werden von 500 Personen eingereicht. Theologiestudenten sammeln Unterschriften, Jugendliche verbreiten Flugblätter. Blumen werden vor der abgesperrten Kirche niedergelegt. Mehrfach versammeln sich Menschen an der Kirche und stehen dort in stummem Protest. Es herrscht eine gespannte Atmosphäre: allein schon wer Fotos macht, wird von Sicherheitskräften abgeführt. Ungefähr 1000 Menschen beteiligen sich an den Protesten, 40 werden verhaftet.

Insgesamt aber bestimmen Resignation und Indifferenz die Stimmung der Leipziger Bevölkerung. Und so stürzen am 30. Mai wie geplant die Trümmer der gotischen Kirche in sich zusammen. Ebenso werden die benachbarten Reste der alten Universitätsgebäude gesprengt. Für viele ein «Akt kultureller Barbarei». Mit der Vernichtung der wertvollen Kirche will die SED, so Zeitzeuge und Buchautor Stefan Welzk, nicht nur die evangelische Kirche treffen, sondern auch ein Exempel statuieren «gegen ein nicht hinreichend konformes Bürgertum» in der Messestadt. Die Schockwirkung sei «weit über den Kreis der religiös gebundenen Bürger hinaus» gegangen.[67]

67 Stefan Welzk, Leipzig 1968. Unser Protest gegen die Kirchensprengung und seine Folgen, Leipzig 2011, S. 59f.

Wikipedia/Deutsche Fotothek

Die vom Krieg verschont gebliebene Leipziger Universitätskirche St. Pauli im Jahr 1948.

Drei Wochen später kommt es bei der Siegerehrung des Internationalen Bach-Wettbewerbs in der Kongresshalle zu einer spektakulären Protestaktion. Junge Universitätsangehörige entrollen mittels einer Zeitschaltuhr ein großes Transparent, das den Wiederaufbau der Kirche fordert. In Anwesenheit des Kulturministers und des Bildungsministers der DDR applaudiert das Publikum minutenlang. Laut einem Bericht der Stasi hängt das Transparent 12 Minuten über der Bühne.

Der Vorfall in Leipzig ist symptomatisch für den respektlosen Umgang der SED und der in ihren Diensten stehenden neuen Architektengeneration mit dem historischen Erbe. So wird etwa zur gleichen Zeit auch in Potsdam eine Kirche im Stadtzentrum gesprengt. Doch hier liegen die Dinge etwas anders. Erstens handelt es sich bei der Potsdamer Garnisonkirche um ein im Krieg schwer beschädigtes Gebäude. Zweitens wird der Abriss der Kirchenruine langfristig eingeleitet, also nicht in einer Hau-Ruck-Aktion wie in Leipzig, sondern auf der Grundlage eines bereits 1966 von SED-Bezirksleitung sowie den Räten des Bezirkes und der Stadt Potsdam gefassten Beschlusses. Drittens ist der Abrissbeschluss Teil eines mit der Kirchenleitung ausgehandelten Kompromisses, der zum einen den staatlich geförderten Wiederaufbau einer anderen Kirche, der Nikolaikirche, favorisiert, und zum anderen den Neubau eines Gemeindezentrums vorsieht. Viertens wird die Kirche nicht auf einmal, sondern stückweise gesprengt. Und fünftens kommt es in Potsdam nicht zu derart massiven Protesten wie in Leipzig. Insgesamt 19 Eingaben aus dem Bereich der Kirche werden vom MfS verzeichnet.[68]

Als Walter Ulbricht am 22. Juni 1967 Potsdam besucht und sich über die Pläne zur baulichen Neugestaltung des Stadtzentrums informiert, äußert er sich zustimmend zum

68 Vgl. Einzelinformation Nr. 533/68 über Proteste aus kirchlichen Kreisen zum geplanten Abriss der ehemaligen Garnisonkirche in Potsdam, 15. Mai 1968, in: Bundesarchiv, MfS, ZAIG 1497, Bl. 1-10.

geplanten Abriss der Garnisonkirche und fordert, an dieser Stelle müsse «ein Objekt stehen, das wirkt». Später ist der Mythos entstanden, Ulbricht habe an jenem Tag den Abriss der Kirche gefordert. In Wirklichkeit war der Kirchenabriss zu diesem Zeitpunkt bereits von der SED beschlossen. Belege dafür, dass Ulbricht für den Beschluss eine Rolle gespielt hat, gibt es nicht. Im April 1968 bestätigt die Stadtverordnetenversammlung den Abrissbeschluss und macht ihn damit öffentlich.

Als Ausgleich für den erzwungenen Abriss wird die zur Garnisonkirche gehörende Heilig-Kreuz-Kirchgemeinde, argumentiert Buchautor Matthias Grünzig, letztlich gestärkt. Sie bekommt «eine für die damaligen Verhältnisse großzügige Entschädigung von rund 600.000 Mark» und ihr werden die in der Planwirtschaft erforderlichen Baukapazitäten zugeteilt, um ihr Gemeindehaus zu einem modernen Gemeindezentrum auszubauen. Hier entstehen Räumlichkeiten, erklärt Grünzig, in denen «genau die Veranstaltungen» stattfinden können, «vor denen sich die SED immer gefürchtet» habe. Ein Zustrom von vor allen jungen Potsdamern sorgt «für ein Aufblühen der Gemeinde».[69]

Nach 1990 gibt es sowohl in Leipzig als in Potsdam massive Forderungen, die Kirchen wiederaufzubauen. Inzwischen steht die Leipziger Paulinerkirche wieder am historischen Ort, die Architektur des neu errichteten Paulinums ist ein Kompromiss zwischen Moderne und Tradition. Auch in Potsdam wird nach Ende der DDR der Wiederaufbau der gesprengten Kirche in Angriff genommen. Derzeit wird allerdings nur der Turm neu aufgebaut, seine Fertigstellung ist für 2026 geplant.

---

69 Matthias Grünzig, Der Fall der Garnisonkirche 1968 und ihre Vorgeschichte, Vortrag am 31.10.2015 in Berlin-Pankow, in: Lernort Garnisonskirche (https://lernort-garnisonkirche.de/der-fall-der-garnisonkirche-1968-und-ihre-vorgeschichte-1-2/; letzter Zugriff: 4.11.2024).

Heißer Sommer

Der Kino-Hit des Jahres 1968 ist ein Film-Musical mit dem doppeldeutigen Titel «Heißer Sommer». Das ist keine Anspielung auf die Ereignisse in Prag, sondern eine Kombination aus Sommerwetter und einem Hauch Spätpubertät. Die Handlung wirkt konstruiert und banal, aber das stört wenig, denn der Film ist im Kern eine Nummernrevue und gibt sich auch keine Mühe, das zu verbergen, im Gegenteil: Wie der Kieler Medienwissenschaftler Hans J. Wulff ausgeführt hat, sorgen die «Frontalität der Präsentation», die «Dominanz symmetrischer Bildkompositionen» und das Herausbrechen der «Performances der Figuren» aus der erzählten Welt dafür, dass der Charakter einer Revue bzw. einer musikalischen Unterhaltungsshow durchgängig spürbar gemacht wird.[70] Die im Film performten Schlager, bei denen viele Schauspieler/Tänzer mit geliehener Stimme «singen», werden dann auch gleich noch als Langspielplatte herausgebracht.

Kurz zur Handlung: Elf unternehmungslustige Abiturientinnen wollen von Leipzig aus an die Ostsee trampen und treffen, wie es der Zufall will, an der Autobahnausfahrt auf zehn unternehmungslustige Abiturienten aus Karl-Marx-Stadt, die ebenfalls Richtung Norden unterwegs sind. Angeführt werden die beiden Trupps von den beliebten DDR-Schlagersängern Chris Doerk und Frank Schöbel. Während die Mädels sofort von Fahrern großer Limousinen mitgenommen werden, kommen die Jungs nur mit landwirtschaftlichen Transportfahrzeugen vom Fleck. Als sie unterwegs einen LKW, der nicht anspringt, anschieben, entdecken sie, dass die jungen Frauen bereits auf der Ladefläche sitzen und lachend davonfahren. An der Küste begegnen sich die beiden Trupps wieder. Schon bald

---

70 Hans J. Wulff, «Mit der Liebe – das haben wir noch nicht in der Hand!» Die Revue- und Schlagerfilme der 1960er Jahre, in: Stefanie Mathilde Frank/Ralf Schenk (Hg.)., Publikumspiraten, Berlin 2022, S. 291-321, zit. 292.

weicht die anfängliche Feindseligkeit einem interessierten Kennenlernen. Die Jungs zelten, die jungen Frauen schlafen in Betten, die in den Sitzungssaal einer Genossenschaft gestellt sind. Es dauert nicht lange, da bekommen sie Männerbesuch. Die gegenseitige Annäherung wird durch Schabernack wie weiße Mäuse im Frauenschlafsaal und einen Wachhund, der die Männer in die Flucht bellt, hinausgezögert. Nach neckischen Spielchen am Strand finden sich die Paare und beginnen zu turteln. Der jugendliche Übermut kulminiert, als die jungen Leute zu nächtlicher Stunde einen Fischkutter kapern.

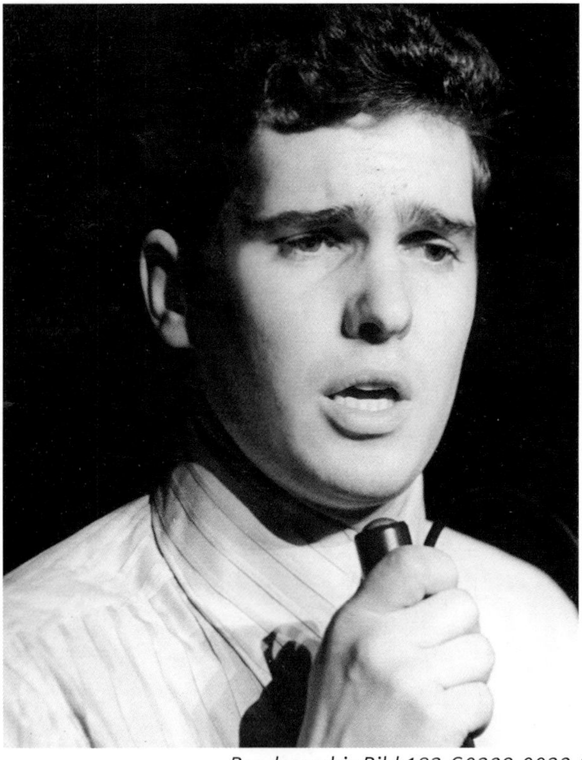

Bundesarchiv Bild 183-G0329-0032-001 Klaus Franke

Schlagersänger Frank Schöbel bei einem Auftritt im März-Programm 1968 des Berliner Friedrichstadt-Palastes.

Aber dann kehren die jungen Leute, denen bewusst ist, dass sie sich an sozialistischem Eigentum vergriffen haben, voller Reue in den Hafen zurück und werden von empörten, aber letztlich erstaunlich gutmütigen und verständnisvollen Erwachsenen in Empfang genommen. Am Ende geht alles glimpflich aus. Volkspolizist und LPG-Vorsitzender erinnern sich an eigene Jugendstreiche und verzichten darauf, das übermütig begangene Bagatelldelikt zur Anzeige zu bringen.

Rückblickend kann man das Film-Musical als provinzielle sozialistische Antwort auf die internationale Jugendrevolte der 68er verstehen. Statt individueller Liebe treten hier Liebeskollektive auf, die ihre individuellen Bedürfnisse mit dem und durch das Kollektiv verwirklichen. Beim romantischen Abend am Lagerfeuer darf der FDJ-Wimpel nicht fehlen. Der Freiheitsdrang der Jugendlichen ist unverkennbar, aber er wirkt nie ungezügelt, sondern eingehegt, Leidenschaften brechen auf, aber sie werden, bevor sie Schaden anrichten können, heiter und verständnisvoll von den Mitmenschen, jungen wie älteren, moderiert.

Was im Verlauf der Film-Revue geschieht, ist mitunter anachronistisch. So wird bisweilen getanzt wie bei einer Rock'n'Roll-Party Mitte der 1950er Jahre, die Schlagermusik atmet den Geist der Halbstarken-Zeit, die längst vorüber ist. Mit schicker Kleidung und gepflegten Haaren umtanzen sich die Jugendgruppen. Immerhin, es gibt auch einen Hauch von spätpubertärer Rebellion und sogar enganliegende Jeanshosen spielen eine Rolle.

Das alles ist jedoch Lichtjahre von der Hippie-Attitüde etwa des Musicals «Hair» entfernt, das etwa zeitgleich im Jahr 1968 am Broadway Premiere hat. Der unbeschwerten Jugend in der DDR, das scheint «Heißer Sommer» suggerieren zu wollen, sind US-amerikanische Trends wie Auflehnung gegen die Elterngeneration, Pazifismus, romantische Erlösungsphantasien oder Ausprobieren von Drogen anscheinend fremd. Für westliche Beobachter muss der Film wie ein weiterer Beleg dafür wirken, wie sehr die DDR hinter dem Mond ist.

Doch selbst die Rezensenten in der Presse der DDR sind sich ziemlich einig in ihrem Verriss. Für die «Neue Zeit», das Blatt der Ost-CDU, ist es ein «dürftiger Film»: «Liebe und Tralala, eine dünne Geschichte» mit «als Tanz ausgegebenen gymnastischen Hüpferchen» und immer den gleichen billigen Späßchen.[71] Ähnlich die Reaktion in der «Berliner Zeitung». Auch hier fällt der Film durch: «Die Gags – leider – sind zu simpel und die Inszenierung zu betulich ausgespielt», findet der Rezensent: «Mehr Witz und Pfiff wären zu wünschen gewesen».[72]

Möglicherweise sind die Verrisse auch dadurch motiviert, dass es in dem Film vordergründig um bloße Unterhaltung geht. Die SED-Kulturpolitik sieht, so Wulff, ein Vergnügen um des Vergnügens willen nicht vor.[73] Dabei finden sich im Film durchaus tiefere Dimensionen, die auf gesellschaftliche Konflikte verweisen, insbesondere auf eine Neuaushandlung der Geschlechterrollen. Der Film ist bei diesem Thema emanzipatorisch und konservativ zugleich. Zum einen strotzt er von weiblichem Selbstbewusstsein. Die jungen Frauen zeigen den Jungs, wo es langgeht und nicht andersrum. Dabei wird die heterosexuelle Norm nicht ernsthaft in Frage gestellt, sieht man mal von der androgyn wirkenden Chris Doerk ab, die sich auch schon mal unerkannt in die Jungsgruppe einschmuggelt. Zum anderen wird die Mädchengruppe mehrfach in die Nähe von Gänsen gerückt, so zum Beispiel, als die Mädels eine Polonaise tanzen und zugleich eine verwirrte Gänsehorde in die Gegenrichtung wandert.

Ein tiefer gehendes «darüber nachdenken, was in Ordnung ist», geschieht insbesondere am Beispiel von Brit (gespielt von Regine Albrecht). In der Dreiecksgeschichte zwischen

---

71 H.U., Abenteuer mit Pfeil und Bogen. Drei neue DEFA-Produktionen zu den Sommerfilmtagen, in: Neue Zeit, 23.6.1968.

72 Günter Sobe, VII.Sommerfilmtage mit: ‚Heißer Sommer', in: Berliner Zeitung, 21.6.1968.

73 Vgl. Wulff, «Mit der Liebe», S. 313.

Kai, Wolf und Brit werde, so Wulff, «das Recht der jungen Frau auf Selbstbestimmung (hier als Unbestimmtheit der Verbindlichkeit der Beziehung zu dem einen oder anderen ihrer Bewerber) in Abrede» gestellt.[74] Das Beziehungsdrama findet nicht separat, sondern eingebunden in die jeweiligen Kollektive statt. Dramatische Liebesverwicklungen werden, sobald sie zu eskalieren drohen, wieder unter Kontrolle gebracht. Kai und Wolf, die voller Aggression gegeneinander sind, werden immer wieder getrennt. Die schöne blonde Brit, «die von zwei Männern umworben wird, die sich ihrer Attraktivität sicher sein kann, die ihre Unabhängigkeit genießen will, ohne unter die Kontrolle eines der beiden Jungen zu geraten», erntet in ihrer Peer-Group aggressive Kritik. Mädchen rügen sie als «egozentrisch» und «flatterhaft». Schließlich prügeln sich die beiden Jungs um sie, dramatischerweise direkt am Abhang der Steilküste, wobei einer der beiden in die Tiefe stürzt, ohne sich ernsthaft zu verletzen. Am Ende scheint Kai (Frank Schöbel) das Duell gewonnen zu haben – die ihn ebenfalls begehrende Chris Doerk, im wirklichen Leben seit 1966 seine Ehefrau, hat das Nachsehen. Der Publizist Olaf Möller bringt den Film rückblickend auf die Formel «selbstbewusst und provinziell».[75] Ungeachtet der negativen Kritiken wird der Film von 3,4 Millionen Zuschauern gesehen. In der DDR ein Kassenschlager, wird er, so Möller, «nach 1989 von ostalgischen Altbundesrepublikanern zum Kultfilm im anderen Deutschland gemacht».[76]

---

74 Ebd., S. 316f.

75 Olaf Möller, Lokomotivenschwer, wolkenleicht. Joachim Hasler und seine Filme, in: Stefanie Mathilde Frank / Ralf Schenk (Hg.), Publikumspiraten, Berlin 2022, S. 133-145, zit. 141.

76 Ebd, S. 133.

Bundesarchiv Bild 183-G0630-0039-001 Friedrich Gahlbeck

Am 30. Juni 1968 begeht Walter Ulbricht seinen 75. Geburtstag.
Zu diesem Bild schreibt ADN, die Nachrichtenagentur der DDR: «Der Intendant der Berliner Komischen Oper, Prof. Walter Felsenstein kommentierte die Verbundenheit der Künstler mit dem Ersten Sekretär des ZK der SED und Vorsitzenden des Staatsrates der DDR, Walter Ulbricht (links): `Worte sind weniger als die Dankbarkeit, die wir empfinden´».

Ulbricht wird 75

Im Jahr 1968 ist Walter Ulbricht, Erster Sekretär des ZK der SED und Staatsratsvorsitzender der DDR, im Zenit seiner Macht angekommen. Am 30. Juni feiert er seinen 75. Geburtstag. «Der Kommunist, dessen Name Sport-Arenen und Fabriken, Produktions-Genossenschaften und Hochschulen in der DDR ziert, soll gefeiert werden wie ein Fürst», heißt es im «Spiegel». Und tatsächlich wird der Tag, wie an einem runden Geburtstag Ulbrichts üblich, als Staatsereignis inszeniert. Tausende Gratulanten kommen zum Empfang in das Staatsratsgebäude. Ulbricht lässt sie mit Sekt anstoßen, er selbst hat «ein getöntes Vitamin-C-Getränk in seinem Glas».[77] «Der Spiegel» unterstreicht spöttisch Ulbrichts Faible für Sport und gesunde Lebensweise, indem er ihn mit den folgenden Worten zitiert: «Ja, ich trainiere viel. Ich schwimme und rudere regelmäßig». Für den «Spiegel» ist klar: «Walter Ulbricht fühlt sich gesund und munter, und an Rücktritt denkt er nicht.»[78] Das bestätigt auch Werner Lamberz in einem 17-seitigen Artikel zum Geburtstag des Staats- und Parteilenkers: «Wer ihn näher kennt, weiß um sein Jungsein, weiß, dass er mit seiner erstaunlichen körperlichen und geistigen Vitalität allen Vorstellungen von einem 75jährigen spottet [...] Wer ihn noch im hohen Alter beim regelmäßigen Schwimmen oder Skilaufen sieht, beim Tennis oder beim Spaziergang trifft, der weiß, dass ihm selbst zur festen Gewohnheit geworden ist, was er anderen empfiehlt, nämlich selbst so viel wie möglich zu tun, um sich gesund und leistungsfähig zu erhalten.»[79]

77 Kowalczuk, Walter Ulbricht, S. 597.

78 Ulbricht - Freude zu Hause, in: Der Spiegel, 24.6.1968.

79 Werner Lamberz, Walter Ulbricht - Zu seinem 75. Geburtstag, in: Einheit 23 (1968) 6, S. 659-675, zit. 672.

Zahlreiche Huldigungen werden im Umfeld des Geburtstages publiziert. «Poeten und Politiker, Bildhauer und Bauern, Philosophen und Physiker reimen und rühmen, meißeln und melken, reden und rechnen zum Lobe des Spitzbarts», kommentiert «Der Spiegel» den Personenkult in der DDR ironisch.[80] So dichtet der Schriftsteller Heinz Kahlow zum Geburtstag Ulbrichts ein devotes Ständchen. Darin heißt es: «Was also ist er, / wenn nicht mehr Tischler? / Ein kluger Regierer? Mehr: / Führer der deutschen Arbeiterklasse, / der das Volk lehrt, sich selbst zu regieren.»[81] Max Zimmering schmiedet die folgenden Reime: «Die Klasse gibt uns Kraft und Mut und die Richtung die Partei. / Mit Walter Ulbricht kämpft sich's gut. Voran, die Straße frei!»[82] Zahlreiche Broschüren und selbst die Fibel, das Leselernbuch der ersten Klasse, präsentieren den Staatslenker so, wie er sich selbst am liebsten sieht: als Arbeiter, der sich vom mutigen Führer seiner Klasse zum weisen Staatslenker und Friedenshelden entwickelt hat.

Der bereits erwähnte Werner Lamberz lobpreist Ulbricht mit monströsen Sätzen wie: «Tief verwurzelt in der Klasse, aus der er stammt, ganz erfüllt vom Geist des Marxismus-Leninismus, geformt von der Partei und sie selbst formend, ausgerüstet mit den Erfahrungen des Kampfes der deutschen und der internationalen Arbeiterbewegung in zwei Epochen gesellschaftlicher Entwicklung, ist Walter Ulbricht heute der hervorragende Führer der deutschen Arbeiterklasse, ist er der deutsche Politiker, von dem selbst bürgerliche Chronisten verzeichnen, er sei der erfolgreichste in diesem Jahrhundert, ist er der unbestritten erfahrenste sozialistische deutsche Staatsmann und größte lebende deutsche Marxist-Leninist.»[83] Dem gegenüber versucht Kulturpolitiker Alfred Kurel-

---

80 Ulbricht - Freude zu Hause, in: Der Spiegel, 24.6.1968.

81 Heinz Kahlow, Über einen Staatsmann unter Weglassung seiner Titel, in: Eulenspiegel 26 (1968).

82 Mit Walter Ulbricht kämpft sich's gut, in: Junge Generation 6/1968, S. 81.

83 Werner Lamberz, Walter Ulbricht - Zu seinem 75. Geburtstag, in: Einheit 23 (1968) 6, S. 659-675, zit. 660.

la im «Magazin», das Klischee vom «Diktator» Ulbricht zu widerlegen, indem er Ulbricht als unübertroffenen Meister der Menschenführung beschreibt. Ulbricht treffe keine einsamen Beschlüsse, sondern berate sich mit anderen, höre aufmerksam zu und sei stets bereit, «sich von besseren Argumenten und neuen vorgetragenen Tatsachen überzeugen zu lassen». Weiterhin bescheinigt Kurella seinem langjährigen Genossen, dass er «keine Angst vor Experimenten» habe.[84]

Dass Ulbricht durchaus, im Rahmen der sozialistischen Leitideen, aufgeschlossen gegenüber Neuem ist, zeigt sich insbesondere in seiner Wirtschaftspolitik. Nachdem er bereits fünf Jahre zuvor mit dem Neuen Ökonomischen System (NÖS) ein gewagtes Manöver zur Modernisierung der DDR-Wirtschaft gestartet hat, besucht er knapp zwei Monate vor seinem Geburtstag Jena, um erneut wichtige Weichenstellungen vorzunehmen. Dort berät er mit «Wissenschaftlern der zu neuer Weltgeltung emporgestiegenen Zeiss-Werke und der Friedrich-Schiller-Universität [...], wie beider wissenschaftliches Vermögen effektiv zu nutzen ist, um die Zukunft zu gewinnen».[85] Damit wird das erste von mehreren Großforschungszentren geschaffen, deren Ziel darin besteht, durch enge Vertragsbeziehungen zwischen Universitäten und der Industrie wissenschaftliche Forschung besser wirtschaftlich verwerten zu können. Ein erster Erfolg kann bereits gefeiert werden: «So entwickelte der VEB Carl Zeiss Jena im Jahre 1968 ein Interferenz-Mikroskop, das optische Messverfahren mit äußerster Genauigkeit ermöglichte und internationalen Maßstäben genügte.»[86]

84 Alfred Kurella, Walter Ulbricht. Ein großer Mann in unserer Mitte, in: Magazin 6/1968, S. 10-12, zit. 12.

85 Lamberz, Walter Ulbricht, S. 671.

86 Andreas Malycha, Im Zeichen von Reform und Modernisierung (1961 bis 1971), in: Informationen zur politischen Bildung, 31.10.2011 (https://www.bpb.de/shop/zeitschriften/izpb/geschichte-der-ddr-312/48519/der-ausbau-des-neuen-systems-1949-bis-1961/; letzter Zugriff: 7.10.2024).

Wie in diesem Fall steckt Ulbricht immer dann seine Nase hinein, wenn es gilt, ein schwieriges Problem anzugehen oder etwas Neues zu gestalten. Führer von Partei und Staat zu sein heißt für ihn, alles unter Kontrolle zu haben. Dafür ist er bereit, ein gigantisches Arbeitspensum zu bewältigen.

Die vielen Geschenke, die der Staats- und Parteichef zu seinem Geburtstag erhält, werden danach in einer Sonderausstellung im Museum für Deutsche Geschichte ausgestellt. Anlässlich des Geburtstages erscheint auch eine Sonderbriefmarke im Wert von 20 Pfennigen, das ist damals das Briefporto.

In der Schweiz charakterisiert der Schriftsteller Friedrich Dürrenmatt Ulbricht als grotesken Diktator, der sein eigenes Glück auf die Menschen projiziert, die er beherrscht. Ulbricht sieht sich selbst, so sagt er es in einem Interview, als glücklichen Menschen, der musikliebend und sportlich ist und den Traum seiner Jugend gemeinsam mit Millionen deutscher Arbeiter verwirklicht hat. Ulbricht tut dabei so, als hätten alle Arbeiter den gleichen Traum wie er selbst. Durch sein übergriffiges Glücklichsein erscheine der Diktator komisch, schreibt Dürrenmatt, während diese Konstellation für die Beherrschten tragisch sei.[87]

In der DDR ist Kritik an Ulbricht so gut wie unmöglich. Bereits zu Beginn des Jahres wird ein ganzes Heft der Satire-Zeitschrift «Eulenspiegel» eingestampft, weil es eine Karikatur enthält, die Kritik an Ulbricht übt. Die beanstandete Zeichnung zeigt einen Redner, einen tuschelnden Zuhörer mit den folgenden Worten zurechtweist: «Kollege, wir sind hier in einer ernsten Versammlung und nicht im Staatsrat, und außerdem bist du nicht Walter Ulbricht, dass du dir einfach einen Zwischenruf erlauben kannst.» Das ist, wie der Ulbricht-Biograf Ilko-Sascha Kowalczuk erläutert, eine «überdeutliche Anspielung auf Ulbrichts gefürchtete Zwi-

87 Vgl. Friedrich Dürrenmatt, Zwei Dramaturgien? In: ders., Theater. Essays, Gedichte, Reden, Zürich 1988, S. 147-149.

schenrufe und Zwischenbemerkungen, die sich in seiner Anwesenheit sonst kaum jemand so traute».[88] Der Zeichner, Leo Haas, bleibt übrigens unbehelligt und kann auch weiterhin zahlreiche seiner Karikaturen in der DDR-Satirezeitschrift «Eulenspiegel» unterbringen.

88 Kowalczuk, Walter Ulbricht, S. 620.

Wikipedia

Briefmarke der Post der DDR von 1951 anlässlich des Görlitzer Abkommens. Abgebildet sind DDR-Präsident Wilhelm Pieck und der polnische Präsident Bolesław Bierut.

Wege übers Land

Im September 1968 schreibt eine Serie, die das heikle Thema der Flucht und Vertreibung aus den deutschen Ostgebieten anpackt, Fernseh-Geschichte. Fast acht Millionen Zuschauer schalten das DDR-Fernsehen ein, das entspricht einer Einschaltquote von knapp 78 Prozent. Dem großen Interesse entsprechend wird das Drehbuch von Helmut Sakowski auch in Buchform publiziert.

Die Vertreibung von Millionen Deutschen ist in der DDR ein Tabuthema, das nur mit einem ganz bestimmten ideologischen «Framing» zur Sprache gebracht werden kann. So wird der in Westdeutschland übliche Begriff der «Heimatvertriebenen» durch den neutralen Euphemismus «Umsiedler» ersetzt. Versuche der Vertriebenen, sich in der DDR zu organisieren, werden unterbunden. Jeglicher Wunsch, in die verlorene Heimat zurückzukehren und damit gar die Oder-Neiße-Grenze zu Polen in Frage zu stellen, wird als revanchistisch zurückgewiesen. Flucht und Vertreibung können nur als notwendige und zu akzeptierende Strafe für die nationalsozialistischen Verbrechen dargestellt werden. Dass hierbei auch Unschuldige leiden mussten, hat in dieser Perspektive keinen Platz.

Dem entsprechend verbindet die Story des Films die Kriegszeit und die Nachkriegsereignisse. Die Protagonistin Gertrud Habersaat, gespielt von Ursula Karusseit, ist zu Beginn des NS-Eroberungskrieges zunächst Geliebte eines nationalsozialistisch eingestellten Großbauern.

Dann heiratet sie einen Bauern, mit dem sie einen polnischen Bauernhof bewirtschaftet, dessen Besitzer zuvor von den Nazis enteignet wurden. Im besetzten Polen erleben sie und ihr Mann die brutalen Repressionen der deutschen Besatzer. Gertrud zeigt in dieser Situation menschliches Mitgefühl und adoptiert zwei Kinder, darunter eines mit jüdischer Herkunft. Dann wird sie selbst zu einer Vertriebenen. Auf der Flucht nimmt sie noch einen Säugling zu sich.

Ein Element, das in der DDR erwartet wird, wenn man Vertreibungsgeschichten erzählt, ist die erfolgreiche Ankunft im Arbeiter- und Bauernstaat. Dieses bedient der Film, allerdings verläuft die Integration der Protagonistin in die DDR-Gesellschaft nicht konfliktfrei. Nachdem die zunächst im Besitzdenken verhaftete Gertrud sich der Kollektivierung der Landwirtschaft vehement widersetzt, schwenkt sie später ein und wird sogar Vorsitzende einer LPG. Dramatisch gestaltet sich ihr Verhältnis zu dem Kommunisten Willi Heyer, gespielt von Manfred Krug, in den sich Gertrud verliebt und den sie am Ende auch heiratet. Zwischenzeitlich taucht ihr als verschollen gemeldeter Ehemann Emil Kalluweit (Erik S. Klein) wieder auf und versucht, sie zur Flucht in die Bundesrepublik zu überreden, allerdings vergeblich.

Das sich in diesen Details zeigende Bemühen der Filmemacher um ideologische Konformität macht die Serie möglich, es stellt jedoch nicht ihre zentrale Qualität dar und erklärt nicht den Erfolg beim Publikum. Was die Serie zum Straßenfeger macht, sind starke schauspielerische Leistungen, spannende Konflikte und wirklichkeitsnah gestaltete Szenen. Das verdeutlichen zeitgenössische Rezensionen. «Mit Helmut Sakowskis dramatischem Fernsehroman ‚Wege übers Land' hat der Deutsche Fernsehfunk erneut seine führende Rolle auf dem Gebiet der Gegenwartsdramatik unterstrichen und einmal mehr den Nachweis erbracht, welch Reichtum an Szenen und Gestaltungsformen möglich ist», frohlockt am 1. Oktober 1968 die «Berliner Zeitung». «Die filmische Gestaltung der Kapitel aus dem großen Buch des Werdens und Wirkens unserer Menschengemeinschaft wurde zu einem packenden Erlebnis», heißt es am 24. Oktober 1968 in der «Neuen Zeit», dem Zentralorgan der DDR-CDU. Und bei weitem nicht nur die DDR-Presse, auch der Westberliner «Tagesspiegel» preist den Film: «Die Flucht der jungen Frau, die inzwischen drei fremde Kinder zu betreuen hat, war in so großartigen Bildern geschildert, dass sich sagen ließ: So und nicht anders ist es gewesen.» Wirkmächtig sei zudem auch die Sprache: «Sie erinnert stark an Brecht, wirkt dichterisch überhöht und verstärkt gerade dadurch die Glaubwürdigkeit der realistischen Bilder und Szenen», so der «Tagesspiegel» am 28. September 1968. Die TV-Serie wird in der Folgezeit nicht nur in der DDR, sondern auch in Polen, in der Sowjetunion, in Bulgarien, Rumänien und der Mongolei ausgestrahlt.

Bundesarchiv Bild 183-G0926-0022-001

Szenenfoto des dramatischen Fernsehromans «Wege übers Land». Ursula Karusseit (Gertrud Habersaat) und Manfred Krug (Willy Hoyer) spielen die Hauptrollen. Regie in diesem speziell für das Fernsehen geschriebenen Werk führt Martin Eckermann.

Bundesarchiv Bild 183-35596-0001

Die chirurgische Klinik der Medizinischen Akademie Dresden.

Staatliche Suizidprävention

Die DDR hat eine der höchsten Suizidraten der Welt, und als diese nach dem Mauerbau um weitere etwa zehn Prozent ansteigt, untersagt die SED-Führung die Veröffentlichung der Statistiken. Das sorgt auch dafür, dass das Thema in den folgenden Jahren immer weniger angesprochen werden kann. Gegen Ende der 1960er Jahre gibt es jedoch einen neuen Impuls zur Suizidprävention.

Der Dresdner Psychiater Ehrig Lange ergreift die Initiative – in seiner Funktion als Leiter der psychiatrischen Klinik der Medizinischen Akademie Dresden. Zuvor hat Lange bei einem Gastaufenthalt in Wien das dort von dem Psychiater Erwin Ringel gegründete Betreuungszentrum für Suizidgefährdete besichtigt. Dieses ist mittlerweile zum Vorbild für so genannte «Suicide Prevention Center» in Europa und den USA geworden. Ringel kann auf mutmaßliche Erfolge verweisen: Zwischen 1953 und 1964 ist die Selbsttötungsrate in Wien um 25 Prozent gesunken.[89] Diese Korrelation als Erfolg zu werten, entspringt zwar, wie sich später zeigt, eher Wunschdenken als Realitätssinn, spiegelt aber den damaligen Zeitgeist wider. Wie sich ein bundesdeutscher Arzt erinnert, «herrschte damals fast selbstverständlich die Phantasie, man könne durch den Aufbau präventiver und nachsorgender Einrichtungen die Suizidrate senken».[90] Diese ambitionierte Idee macht nicht vor dem eisernen Vorhang Halt, im Gegenteil.

Die 1968 an der Medizinischen Akademie Dresden geschaffene Betreuungsstelle für Suizidgefährdete gehört zu den ersten ihrer Art in Deutschland. Sie löst die bisher übliche Praxis, Suizidpatienten erst unmittelbar vor ihrer

---

89 Vgl. E[rwin] Ringel, Der gegenwärtige Stand der Selbstmordprophylaxe in Wien, in: Nervenarzt 38 (1967) 3, S. 93-97, hier 96.

90 Hans Wedler, Rückblick auf zehn Jahre DGS, in: Suizidprophylaxe 9 (1982) 1, S. 49-56, zit. 51.

Entlassung durch einen Psychiater (Konsiliararzt) begutachten zu lassen (um das Vorliegen psychischer Erkrankungen zu prüfen), durch eine gezielte Betreuung des Patienten ab. Die personelle Einheit von Konsiliararzt und anschließendem Therapeuten minimiert den «Patientenschwund», der oft im Zuge von Überweisungen auftritt und begünstigt das Gelingen einer Kurztherapie, weil sich Suizidpatienten unmittelbar nach ihrer Rettung dafür am meisten zugänglich zeigen.[91] Die Psychiater sehen ihre Aufgabe vor allem in einer «helfenden zwischenmenschlichen Begegnung» und bemühen sich um die «Einbeziehung umfassender sozial wirksamer Maßnahmen».[92] Neben dem Arzt ist in der Betreuungsstelle auch eine Fürsorgerin angestellt, die sich um soziale Belange wie Arbeit, Wohnung, Krippenplatz etc. kümmert und gegebenenfalls auch Gespräche mit Familienangehörigen und Arbeitskollegen führt.[93]

Bald sollte das Beispiel Schule machen. DDR-Gesundheitsminister Max Sefrin (CDU) gibt im Herbst 1968 den Plan bekannt, nach dem Dresdner Vorbild in allen Bezirken der DDR ähnliche Betreuungsstellen schaffen zu wollen, da das einerseits dem «humanistischen Grundanliegen der sozialistischen Gesellschaft» entsprechen würde und andererseits geeignet sei, «den sich im Suizid offenbarenden Widerspruch zwischen dem Verhalten einzelner und dem Inhalt unserer Gesellschaftsordnung zu lösen».[94] Zu dieser Zeit kursieren

---

91 Vgl. Werner Felber/Ehrig Lange, 30 Jahre Betreuungsstelle für Suizidgefährdete – mit einer Bibliografie, in: Suizidprophylaxe 25 (1998) 4, S. 133-140.

92 E[hrig] Lange/H[elmut] Kulawik, Die ambulante Behandlung des Suizidgefährdeten unter besonderer Berücksichtigung der Psychopharmakotherapie, in: Deutsches Gesundheitswesen 25 (1970), S. 121-125, zit. 123.

93 Vgl. K[arl] Seidel/H[elmut] Kulawik, Über die Notwendigkeit des Aufbaus von psychiatrischen Beratungsstellen für Suizidgefährdete, in: Deutsches Gesundheitswesen 25 (1970), S. 125-129.

94 Über das Suicidgeschehen in der Deutschen Demokratischen Republik, in: Landeshauptarchiv Sachsen-Anhalt, Abt. Merseburg, BT/RdB Halle, 4. Ablieferung, Nr. 7447.

optimistische Prognosen: «Zwar wird mit dem Aufbau des Sozialismus nicht automatisch das Selbstmordproblem gelöst, doch werden die günstigsten Voraussetzungen für seine Lösung geschaffen», argumentiert die Sozialhygienikerin Marita Schulze: «Gesundheits- und Arbeitsschutz wird zum vornehmsten Anliegen des sozialistischen Staates. Auf der Basis der Stellung und der Rolle der Werktätigen in Staat und Wirtschaft, begründet auf echter Freiheit und Gleichberechtigung, entwickeln sich zwischenmenschliche Beziehungen der gegenseitigen Achtung, Hilfe und Unterstützung.»[95]

Die Aktivitäten des Gesundheitsministeriums begünstigen einen Boom der DDR-Suizidforschung, der mehrere Jahre anhält. An der Medizinischen Akademie Dresden finden Tagungen statt, bei denen Suizid und Suizidprophylaxe zentrale Themen sind. Insgesamt 21 Dissertationen entstehen, und es werden auch viele Artikel in Fachzeitschriften publiziert. Die Suizidforschung der DDR orientiert sich in ihren Methoden und Theorien an westlichen Standards. Zu den Besonderheiten des Umgangs mit Selbsttötungen in der DDR gehört ein teilweise sehr enges Zusammenwirken von Ärzten und Kriminalpolizisten. Im Bezirk Dresden nimmt der Psychiater Karl Seidel während der Erarbeitung seiner Habilitation zeitweise sogar an Einsätzen der Mordkommission teil. Später wird die Kriminalpolizei in die Arbeit der Dresdner Betreuungsstelle eingebunden.[96] Zuvor konnten Polizisten Suizidversuche nur sehr unvollständig erfassen, unter anderem deshalb, weil Ärzte unter Verweis auf die ärztliche Schweigepflicht keine Meldungen erstatteten.[97] Nun finden in

95 Marita Schulze, Eine sozialhygienische Studie zur Erforschung der Selbstmordziffer der Deutschen Demokratischen Republik, die in internationalen Vergleichen zahlenmäßig relativ hoch erscheint, Diss. Berlin 1969, S. 62.

96 Felber/Lange, 30 Jahre Betreuungsstelle, S. 134.

97 Vgl. Bezirksbehörde der Deutschen Volkspolizei, Analyse über Selbstmorde und versuchte Selbstmorde im Bezirk Dresden, 26. Juli 1966, in: Sächsisches Hauptstaatsarchiv Dresden, BDVP Dresden, 23.1, Nr. 2644, Bl. 256-262.

Dresden regelmäßige Beratungen mit der Kriminalpolizei (und mit Pathologen) statt; dadurch erfahren die Betreuungsstellen auch, wenn sich Patienten später doch noch das Leben nehmen.

Die 1968 erfolgten Planungen des DDR-Gesundheitsministeriums werden jedoch nur in sehr geringem Maße umgesetzt. Eine 1970 eröffnete Stelle in Brandenburg-Görden bleibt die einzige Einrichtung zur Nachbetreuung von Suizidpatienten, die nach Dresdner Vorbild geschaffen wird. Aufgrund der kaum vorhandenen Resonanz in der Öffentlichkeit sind die beiden Betreuungsstellen für Suizidgefährdete isoliert; dennoch dient allein ihre Existenz der Legitimation weiterer Aktivitäten. So beruft sich eine Initiative zur Schaffung einer kirchlichen Telefonseelsorge in Halle/Saale ausdrücklich auf die staatlichen Aktivitäten zur Suizidprophylaxe.

Schusswechsel an der Grenze

Am 22. November 1968 notiert der Leipziger Historiker Hartmut Zwahr in seinem Tagebuch: «An der Grenze haben sich wieder zweie abgeknallt, vielleicht aus ein und derselben Kompanie. Unsere Tragödie.»[98] Der Vorfall ereignet sich bereits am 15. November, und Zwahrs Mutmaßung, dass der «bewaffnete Provokateur», von dem eine kurze Meldung im «Neuen Deutschland» berichtet, auch ein Soldat gewesen sein könnte, ist nicht ganz falsch. Tatsächlich versucht an jenem 15. November ein Wachtmeister der Volkspolizei, am Schlosspark Babelsberg die Grenze nach Westberlin zu durchbrechen. Er wird von zwei Grenzsoldaten entdeckt, die sich ihm in einem «Trabant Kübel» nähern. Der Polizist erschießt den Fahrer, den knapp 27jährigen Horst Henniger, aus nächster Nähe, woraufhin der Beifahrer sich aus dem Fahrzeug fallen lässt, seine Waffe in Anschlag bringt und seinerseits den Polizisten erschießt.

Der nun folgende Umgang mit dem tödlichen Vorfall an der DDR-Grenze folgt dem typischen Muster. Informationen über den Täter werden geheim gehalten und der erschossene Grenzsoldat wird zum abstrakten, makellosen Helden stilisiert. Sein Sarg wird in die DDR-Fahne eingehüllt durch seine Heimatstadt Saalfeld gefahren, eskortiert von militärischen Ehrenformationen. Die aktuelle Kamera berichtet. In Saalfeld wird ein Stadion nach ihm benannt, zahlreiche Jugendkollektive in Schulen und Betrieben tragen seinen Namen.

Im Schatten des Heldenmythos hingegen kursiert das Gerücht, dass der erschossene Grenzsoldat sich selbst in den Westen absetzen wollte. Dafür gibt es in der Tat Anhaltspunkte. Der junge Mann hat gegenüber Familienangehörigen Fluchtabsichten angedeutet. So besteht die besondere Tragik des Vorfalls darin, «dass am 15. November 1968 einem jun-

98 Zwahr, Die erforenen Flügel, S. 209.

gen Menschen das Leben genommen wurde, der wahrscheinlich auf seine eigene Fluchtchance hoffte».[99]

Bundesarchiv Bild 183-G0503-0033-001 Klaus Franke

Beisetzung des Fotomontagekünstlers John Heartfield auf dem Dorotheenstädtischen Friedhof. Der Präsident der Deutschen Akademie der Künste, Konrad Wolf (links), spricht am Grab des am 26. April 1968 Verstorbenen.

99 Chronik der Mauer, Todesopfer (https://www.chronik-der-mauer.de/todesopfer/171364/henniger-rolf#footnode10-11; letzter Zugriff: 9.11.2024).

1968 und 1989

Mit der Niederschlagung des Prager Frühlings wird der zaghafte Aufbruch des Jahres 1968 brutal ausgebremst. 68 findet in der DDR nicht statt, zumindest gibt es keine Revolte vom Ausmaß der internationalen Jugendunruhen. Militärische Machtdemonstration und ideologische Manipulation wirken deprimierend. Diese Erfahrung beschreibt der ehemalige thüringische Ministerpräsident Dieter Althaus, der im Jahr 1968 erst zehn Jahre alt war: «1968 im Osten – das war das Jahr, in dem der Traum von einem Leben in Freiheit und Demokratie für viele starb und sich die Überzeugung durchsetzte: Der Kommunismus ist nicht reformierbar. Eine Einsicht, die viele Menschen in den privaten Rückzug trieb.»[100] Der Historiker Bernd Gehrke unterstreicht das: «Die Folge war das große Schweigen der Mehrheitsgesellschaft nach 1968. Auf dieser Voraussetzung konnte der aufgeklärte Stalinismus in der Herrschaftszeit Erich Honeckers aufbauen und das Schweigen verstetigen, in dem er einen versorgungsdiktatorischen Herrschaftskompromiss durchsetzte und einen vormundschaftlichen Sozialstaat schuf, bis dieser wegen Innovations- und Produktivitätsschwäche verfiel und der Herrschaftskompromiss zerbrach.«[101]

«Die Erinnerungen an den Prager Frühling waren in den folgenden 21 Jahren streng tabuisiert», erinnert sich der Historiker und Zeitzeuge Stefan Wolle: «Die wenigen in der DDR erhältlichen Darstellungen der Geschichte der Tschechoslowakei handelten das Jahr 1968 mit einigen

---

100 Dieter Althaus, «Und es war Sommer – Das Jahr 1968 in der DDR», in: Bernhard Vogel/Matthias Kutsch (Hg.), 40 Jahre 1968. Alte und neue Mythen – Eine Streitschrift, Freiburg 2008, S. 208-224, zit. 211.

101 Bernd Gehrke, Die 68er-Proteste in der DDR, in: Aus Parlament und Zeitgeschichte, 18.3.2008.

hölzernen Floskeln ab.«[102] Dennoch hat 1968 Spuren hinterlassen. Noch einmal Althaus: »Für einige war es aber auch ein Jahr des ‚Jetzt erst recht'. Es war die ‚Geburtsstunde' der Bürgerrechtsbewegungen in der DDR. Sie entstanden aus der positiven Erfahrung heraus, dass das kommunistische Herrschaftssystem erschüttert werden kann, dass eine friedliche Transformation vom Kommunismus hin zu einer freien Gesellschaft möglich ist.«[103] Auch der Politikwissenschaftler Eckhard Jesse sieht eine gewisse Kontinuität von 1968 zu 1989: «Ostdeutsche Bürgerrechtler waren als ‚89er' in einem doppelten Sinne 68er: Sie sympathisierten einerseits mit den Reformideen des Prager Frühlings, andererseits mit dem Ideengut der West-68er, wenngleich in abgeschwächter Form.»[104] Ein Erbe von 1968 ist die unter Bürgerrechtlern im Osten Deutschlands sehr populäre Idee eines «Dritten Weges» jenseits von Kapitalismus und Sozialismus. Mehrheitsfähig ist diese Idee aber auch 1989, als die 68er der DDR ihre zweite Chance bekommen und sie den Möglichkeiten entsprechend auch nutzen, nicht.

---

102 Wolle, Traum von der Revolte, S. 239.

103 Althaus, «Und es war Sommer – Das Jahr 1968 in der DDR», S. 211.

104 Eckhard Jesse, 1968 – und 50 Jahre später. Eine deutsch-deutsche Bestandsaufnahme, in: Indes 1/2018, S. 88-99, zit. 98.

Literatur

Aus Politik und Zeitgeschichte, B 45/2003 (Themenheft zu 1968).

1968 und die DDR, Themenheft, «Horch und Guck» 16 (2007) 58.

Erika Berthold, Die Kommune 1 Ost, in: Ute Kätzel (Hg.), Die 68erinnen. Portrait einer rebellischen Frauengeneration, Berlin 2002, S. 221-237.

Timothy S. Brown, «1968» East and West: Divided Germany as a Case Study in Transnational History, in: The American Historical Review 114 (2009) 1, S. 69-96.

Bernd Florath (Bearb.), Die DDR im Blick der Stasi. Die geheimen Berichte an die SED-Führung, Göttingen 2018.

Bernd Gehrke, Die 68er-Proteste in der DDR, in: Aus Parlament und Zeitgeschichte, 18.3.2008.

Andrea Herz, Thüringen im Frühling 1968, Erfurt 2008.

Eckhard Jesse, 1968 – und 50 Jahre später. Eine deutsch-deutsche Bestandsaufnahme, in: Indes 1/2018, S. 88-99.

Michael Lührmann, 1968 in der DDR. Eine ausgebliebene Revolte und ihre Folgen, in: Indes 1/2018, S. 100-106.

Stefan Welzk, Leipzig 1968. Unser Protest gegen die Kirchensprengung und seine Folgen, Leipzig 2011.

Stefan Wolle, Der Traum der Revolte. Die DDR 1968, Berlin 2008.